赠　言

未成年人将要承担中华民族伟大复兴的重任。关心未成年人的健康成长，关心他们的思想道德的建设是我们每个人的责任，各类博物馆不仅是展示我国和世界优秀历史文化的场所，也是未成年人学习知识、培养情操的第二课堂。

让这套丛书带你走进博物馆，让博物馆伴随你成长。

單霽翔

2004年12月9日

目　录　Contents

乌鲁木齐市博物馆

Urumqi Museum

带你走进博物馆

SERIES

乌鲁木齐市博物馆　编著

文物出版社

图书在版编目（CIP）数据
乌鲁木齐市博物馆 / 乌鲁木齐市博物馆编著.
北京 : 文物出版社, 2025. 7. -- (带你走进博物馆).
ISBN 978-7-5010-8683-2
Ⅰ. G269. 274. 51
中国国家版本馆CIP数据核字第2025PM9440号

乌鲁木齐市博物馆

WULUMUQI SHI BOWUGUAN

编　　著　乌鲁木齐市博物馆
执　　笔　吐尔逊·克孜拜克　李　黎　曹飞鸣　马　俊　余　洁　古力米拉·帕提江
　　　　　张　辉　张海峰　米尔古丽·尼亚孜　李　良　吾斯曼江·斯马依　陈天柱
　　　　　时维壹　罗　慧　贾　冰　张红梅
统　　稿　李　黎
审　　稿　吐尔逊·克孜拜克
摄　　影　李向东

责任编辑　冯冬梅
责任校对　耿瑷洁
责任印制　王　芳

出版发行　文物出版社
社　　址　北京市东城区东直门内北小街2号楼
邮政编码　100007
网　　址　http://www.wenwu.com
邮　　箱　wenwu1957@126.com
经　　销　新华书店
制版印刷　文物出版社印刷厂有限公司
开　　本　880mm×1230mm　1/24
印　　张　5.75
版　　次　2025年7月第1版
印　　次　2025年7月第1次印刷
书　　号　ISBN 978-7-5010-8683-2
定　　价　35.00元

乌鲁木齐市博物馆

馆长寄语

乌鲁木齐山川秀丽，物华天宝，人文荟萃，历史悠久。

乌鲁木齐作为亚欧大陆重要通道之一，亲历了黄河流域的彩陶、丝绸等东方文化因素的西渐及早期东西方文化的交融与互鉴。“无数铃声遥过碛，应驮白练到安西。”回望两千多年的历史烟云，沉淀着历久弥新的记忆，描绘着中华民族多元一体文化的画卷。

乌鲁木齐市博物馆是一座充分展示了乌鲁木齐历史文化、社会发展等多方面成就的综合性博物馆，是世界了解乌鲁木齐和新疆的文化窗口。走进博物馆，走进革命纪念馆，在这里我们讲好乌鲁木齐历史文化故事，讲好乌鲁木齐红色文化故事，讲述着新疆自古以来就是中国不可分割的一部分，勾勒出多元一体的中华文化之乌鲁木齐篇章。

乌鲁木齐的历史文化始终扎根于中华文明沃土，发展过程与中华文明一脉相连，是中华文化不可分割的一部分。让文物说话，让历史发声，我们要充分发挥博物馆、纪念馆的社会教育功能，肩负时代责任，为铸牢中华民族共同体意识贡献力量。

乌鲁木齐市博物馆

（乌鲁木齐市革命历史纪念地管理中心）

馆长：吐尔逊·克孜拜克

乌鲁木齐历史沿革

乌鲁木齐市是新疆维吾尔自治区首府，是世界上距离海洋最远的内陆城市，被誉为“亚心之都”。这里地处天山山脉中段北麓，准噶尔盆地南缘，西部和东部与昌吉回族自治州接壤，南部与巴音郭楞蒙古自治州相邻，东南部与吐鲁番市交界。乌鲁木齐市总面积1.38万平方公里，辖有天山区、沙依巴克区、水磨沟区、高新技术产业开发区（新市区）、经济技术开发区（头屯河区）、达坂城区、米东区7个区和乌鲁木齐县。乌鲁木齐市聚居有汉族、回族、维吾尔族、哈萨克族、满族、锡伯族、蒙古族、柯尔克孜族、塔吉克族、塔塔尔族、乌孜别克族、俄罗斯族、达斡尔族等55个民族。

乌鲁木齐意为“优美的牧场”，自旧石器时代晚期始，就有人类在柴窝堡湖东西两岸生息繁衍。乌鲁木齐南山山前地带先后开展了7次考古发掘，其中萨恩萨依古墓群考古表明，这里是欧亚草原早期游牧文化重要的交流、交融的十字通道。公元前60年，西汉设立西域都护府，新疆正式成为中国版图的一部分，乌鲁木齐是丝绸之路的重要组成部分——天山古道车师道的重要节点。唐朝于公元640年在天山北麓设置庭州，辖金满、蒲类、西海、轮台4县。公元771年，在轮台设置“静塞军”，乌鲁木齐属轮台县，是丝绸之路新北道重镇。

清朝是我国统一多民族国家进一步巩固和发展的关键时期，也是乌鲁木齐历史发展的重要阶段。自1755年起，清政府

乌鲁木齐远景

在乌鲁木齐移民开拓，广筑城廓，先后修建了迪化屯城、迪化城、巩宁城和新巩宁城，设乌鲁木齐都统。1865年，阿古柏入侵新疆。1875年，清政府任命陕甘总督左宗棠为钦差大臣督办新疆军务，在各族人民的支持下，收复新疆地区，维护了国家领土完整。1884年，新疆建省，省城定在迪化（今乌鲁木齐）。乌鲁木齐成为新疆的政治、经济、文化中心。1911年，辛亥革命爆发，迪化起义和伊犁起义推翻了清王朝在新疆的封建统治。民国时期，局势动荡，外国侵略势力渗透新疆，新疆各族人民始终维护中央政权，共同保卫着祖国的西北边疆。

1921年中国共产党诞生，1934—1936年，一批共产党员受共产国际委派到新疆工作。1937年抗日战争全面爆发后，以八路军驻新疆办事处设立为标志，建立抗日民族统一战线，引领新疆各民族共赴国难。中国共产党选调大批

干部到新疆工作，为新疆的文化教育、经济建设、边防巩固作出了卓越的贡献，为新疆和平解放奠定了基础。1949年9月25日新疆和平解放，10月1日中华人民共和国成立，开辟了中国历史新纪元。1954年2月1日，迪化市更名为乌鲁木齐市。新疆各族人民与全国人民共同进入伟大的新的历史时期。

乌鲁木齐市博物馆发展概况

乌鲁木齐市博物馆（乌鲁木齐市革命历史纪念地管理中心）管理有乌鲁木齐市博物馆、八路军驻新疆办事处纪念馆、中国工农红军西路军总支队纪念馆、毛泽民故居、乌鲁木齐文庙及文昌阁六处场馆。乌鲁木齐市博物馆机构从无到有，日渐完善，形成以1处博物馆、3处纪念馆和2处开放文物场馆为主要构架的首府博物馆体系，成为乌鲁木齐市重要的公共文化服务场所。

乌鲁木齐市博物馆于1985年10月开始筹建，与市文物保护管理所合署办公，馆址设在乌鲁木齐市文庙，于1991年9月开馆，举办有“乌鲁木齐文物概况展”“石人石碑展”“寿禧卷轴展”“乌鲁木齐城建史展”“中国部分少数民族服饰展”“中国古代书画拓片展”等多个陈列展览。2005年10月，位于乌鲁木齐市南湖路的乌鲁木齐市博物馆建成。博物馆总面积4965平方米，是现代化的综合性地方博物馆，一层面积1225平方米，二层面积1600平方米。基本陈列为乌鲁木齐历史陈列，通过文物、照片、图表等形式，从文化、经济、城市建设、民风民俗等多方面展示乌鲁木齐的历史文化。2020年乌鲁木齐市博物馆迁址到乌鲁木齐文化中心2号馆。新馆占地面积约3.45万平方米，展陈面积8500平方米，建筑共五层，一层为序厅，二、三层为通史展厅，四层为“家园记忆”和非物质文化遗产展。基本陈列“乌鲁木齐历史文化陈列”，以通史的方式展示从先秦时期至民国时期的历史，让

历史发声，让文物说话，勾勒展现多元一体的中华文化之乌鲁木齐篇章。

1961年以八路军驻新疆办事处旧址为馆址，成立乌鲁木齐市革命烈士纪念馆筹备处，并于1962年开放，1965年改为八路军驻新疆办事处纪念馆。八路军驻新疆办事处旧址为一座中苏合璧土木结构的两层楼房，占地面积1100平方米，建筑面积503.6平方米，1962年被公布为自治区级文物保护单位（2013年被公布为全国重点文物保护单位），开设有陈列展览。2020年在八路军驻新疆办事处旧址南侧修建纪念馆新馆，于2021年7月中国共产党成立100周年之际开放。纪念馆占地面积5331平方米，建筑面积7881平方米，包括一层临时展厅和二层基本陈列厅，展陈面积1280平方米。基本陈列为“八路军驻新疆办事处历史陈列”。

毛泽民故居由毛泽民办公室及宿舍旧址、新疆财政专修学校、毛泽民铜像、陈列厅等组成，于1975年10月新疆维吾尔自治区成立20周年之际对外开放。毛泽民办公室及宿舍旧址建于1940年8月，是抗日战争时期毛泽民担任新疆省财政厅副厅长、代理厅长期间办公和居住的地方。2020年5月毛泽民故居进行了场馆整体提升改造，“毛泽民生平事迹展”“毛泽民故居旧址复原陈列”两个展览，全面展示了毛泽民同志为新疆各族人民的解放事业所建立的不可磨灭的功绩。

中国工农红军西路军总支队纪念馆以异地重建的中国工农红军西路军总支队干部大队无线电班和卫生所原建筑为馆址，于2001年7月1日中国共产党成立80周年之际开放。纪念馆占地约486.5平方米，展陈面积300平方米。2020年5月，中国工农红军西路军总支队纪念馆进行了场馆整体提升改造，拓展东南角为观众服务区，纪念馆由“中国工农红军西路军总支队基本陈列展”及《军旗紧握红心向党》《浴血河西祁连巍巍》《陈云在星星峡援接西路军进疆》三座主题浮雕组成。基本陈列以“铁血征程”“兵营练兵”和“淬炼成钢”三个部分，展示西路军铁血河西、进驻新疆，为抗日民族统一战线和建设新疆作出了重要的贡献。

馆藏精品文物

乌鲁木齐市博物馆藏品共计14177件/套（国家一级文物16件/套，二级文物9件/套，三级文物62件/套）。收藏文物包括历史文物和革命文物。历史文物主要有乌拉泊水库墓葬、乌鲁木齐南郊墓葬、柴窝堡古墓葬、乌拉泊古城以及清代巩宁城等地的出土文物。革命文物主要有烈士遗物、档案文书、文件宣传品等。

一 石器

柴窝堡湖细石器遗址是距今10000—9000年的旧石器时代晚期至新石器时代早中期的文化遗存。遗址分布于柴窝堡湖东岸和西南岸，共采集石器600余件，可分为12类30多式，原料多为硅质岩、碧玉、燧石，用间接打击法加工而成，未见磨制石器。其中刮削器数量最大，种类最多。

1.细石核

通长3.4厘米、通宽1.3厘米、厚1.1厘米。燧石。呈柱状，有明显的台面，一周有压剥石叶的凹槽。

细石核

2.圆头刮器

通长2.8厘米、通宽2.3厘米、厚0.8厘米。燧石。呈扁圆形，基本完整，一端有刃，一端有压剥出的圆头。

圆头刮器

刮削器形石核

3.刮削器形石核

通长4.5厘米、通宽4.2厘米、厚1.8厘米。燧石。基本完整，应用于压剥石片，窄面上留有石叶的长条形痕迹。

二　陶器

陶器主要出土于南山矿区鱼儿沟墓葬、乌拉泊水库墓葬、柴窝堡林场墓葬、萨恩萨伊墓葬等。陶器年代主要是距今3200—2000年的战国至汉代。主要是手制夹砂红陶、灰陶。红陶多为彩陶，主要为红衣黑彩，也有黄衣褐彩。器形主要是罐、壶、杯、盆、钵、碗等盛器，装饰纹样有三角纹、锯齿纹、网格纹、折线纹。

1.单耳彩陶罐

战国—汉代（早期铁器时代），1985年乌鲁木齐南山鱼儿沟征集。通高12.8厘米、口径9.4厘米。基本完整。夹砂灰陶。口微敞，鼓腹，圜底，沿腹宽带耳，红衣

单耳彩陶罐

黑彩，内口沿饰一周倒三角纹，外沿饰一周倒三角纹，肩饰一周垂帐纹，腹部饰成组的涡纹和弧线三角纹，腹部有烟炱。

2.单耳彩陶杯

战国—汉代（早期铁器时代），1976年乌鲁木齐南山鱼儿沟墓葬发掘出土。通高11.3厘米、口径9.6厘米、底径8.3厘米。基本完整，有粘接。夹砂红陶，手制。敞口，直壁，平底，单耳。红衣黑彩，内沿饰倒三角纹，通体外饰成组的条状大锯齿纹。细泥红陶，打磨光洁，外表敷酱红色陶衣。

单耳彩陶杯

单耳彩陶罐

3.单耳彩陶罐

战国—汉代（早期铁器时代），1984年乌鲁木齐乌拉泊水库墓葬发掘出土。通高14.7厘米、口径9.6—9.9厘米、底径6厘米。微残，有粘接，用石膏修复。夹细砂灰陶，手制。口微敞，高颈，溜肩，鼓腹，平底，肩腹，宽带耳。黄衣褐彩，口沿内饰一周褐彩，外沿颈饰双层倒三角纹，器腹饰涡纹，耳饰网格纹，耳对面口略高。

4.单耳彩陶壶

战国—汉代（早期铁器时代），1994

单耳彩陶壶

双耳灰陶瓶

年乌鲁木齐柴窝堡林场墓葬发掘出土。通高14厘米、口径9.3厘米、底径5.8厘米。口部略残。夹砂灰陶，手制。口微敞，高颈，鼓腹，平底，颈肩宽带耳。红衣黑彩，颈饰网格纹，腹部饰连续菱形纹，内填网格纹，耳饰斜平行线。

5.双耳灰陶瓶

元代，1992年乌拉泊古城出土。通高39.4厘米、口径12.7厘米、底径11.7厘米。基本完整。夹砂灰陶，轮制。圆唇，直颈，溜肩，鼓腹，平底，颈肩带耳。颈肩部饰双层水波纹，其间饰一周凹弦纹，弦纹下饰一周戳印纹，线条流畅，造型精美。

三　金银器

1988年，乌鲁木齐清代巩宁城遗址出土了双凤金簪、金钗、金五事、金手镯、鎏金银镯、金指套等金银器10件/套，造型优美生动，制作工艺精良，具有较高的历史和艺术价值。

1.双凤金簪

清代。通长16厘米、通宽11厘米。基本完整。一端呈锥状，簪头有锤鍱的花朵纹和双凤造型。上端为双凤系花，正中是一朵盛开的鲜花，两凤分别从相对应的方向用细丝与花相连，摆动簪子，凤便能随之起舞。花朵和凤身用单叶金片制成，凤的翅膀和尾部则用双叶金片对贴而成，更突出了凤的立体感。

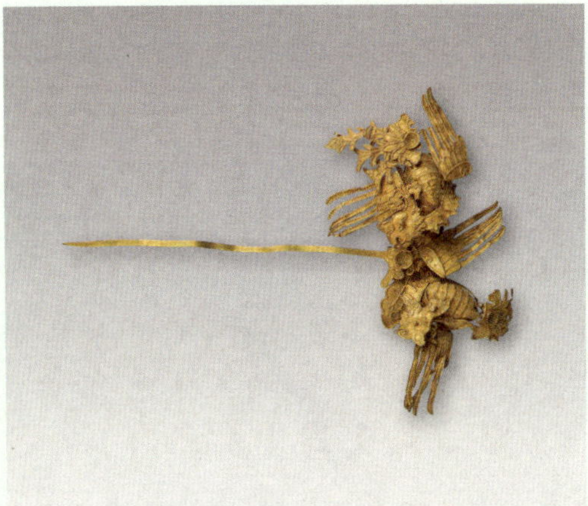

双凤金簪

2.金五事

清代。通高26.5厘米、通宽16.8厘米。基本完整。扁平状花篮下钻有5孔，

金五事

孔下挂有5条等长的吊链，吊链下分别坠有5件饰物。事，指的是一些随身工具或者物件的总和。从功能上看，金五事是随身携带用来修颜、清洁的卫生工具，包括挖耳勺、牙签等物件，男女皆可佩戴。

四　青铜器

馆藏青铜器主要是考古发掘出土，大件铜器有铜鍑、铜盘，小件铜器有铜锛、铜刀、铜马衔、铜镜、铜镞、铜饰件等，文物年代主要为春秋战国—汉代。

春秋战国时期，乌鲁木齐地区有游牧民族活动，考古发掘出土的青铜牌饰，以装饰动物纹为特征，带有草原游牧风格。

1. 镂空对羊铜牌饰

战国—汉代，1984年乌鲁木齐乌拉泊古城采集。铜饰呈梯形，上、下边略呈弧形，上边长4.4厘米、下边长6厘米、宽3.5厘米、厚0.3厘米。铜饰压一圈凸珠纹，镂空而现

镂空对羊铜牌饰

双羊相对而立，吻部相连，体态丰满，颈短头长，角呈镰刀状弯曲至尾部，四角有孔，便于穿系。造型灵巧活泼，富有夸张性。

2. 铜马衔

战国—汉代，2007年乌鲁木齐萨恩萨伊墓地出土。通长17.4厘米。基本完

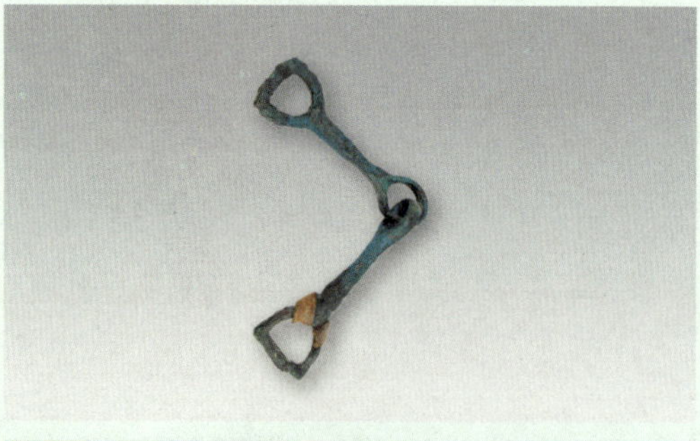

铜马衔

整。由相同两部分组成，中间两小环相套咬合，连杆截面呈方形，衔端各有一马镫形环孔，一个环孔缠绕皮革。

3.兽首铜刀

战国—汉代，1995年乌鲁木齐县南山矿区发掘时出土。长15.4厘米、宽1.6厘米、厚0.8厘米。基本完整。直柄，直刃，柄首有圆雕的动物形象，铜锈满覆。铜刀是古代游牧民族用来切割的生活用具。

4.有锻铜锛

战国—汉代，1988年乌鲁木齐县板房沟乡征集。长14.5厘米、刃宽4厘米。厚1.6厘米。柄呈长方体状，刃部弧圆，中部有凸棱为锻。铜锛是古代人们砍削木料用的工具，也称为“削木横斧”，始见于商代，春秋战国时数量增多。

5.铜镞

战国—汉代，柴窝堡林场墓葬出土。

兽首铜刀

有锻铜锛

铜镞

长4厘米、宽1厘米、厚1厘米。基本完整。通体铜锈。三棱形，有銎，单尾翼。青铜镞属于最早出现的青铜兵器之一，其形制较多，主要有双翼、三翼与三棱三类。铜镞由镞身和连接箭杆的铤构成，青铜镞是安装在箭杆前端的锋刃部分，用弓弦弹发可射向远处，是攻击性很强的远射兵器。

6.承兽铜盘

战国—汉代，1992年征集。直径27.5厘米、通高15.2厘米。残存底盘呈圆形，上边托盘部分在宽边折沿上残存5只老虎，首尾相接，顺时针排列，虎尾呈S形，粗壮有力，造型生动。

承兽铜盘

铜权杖头

7.铜权杖头

战国—汉代，1985年乌鲁木齐南山阿拉沟出土，一套2件，大的口径4.7厘米、底径2.3厘米；小的口径2厘米、底径0.8厘米。基本完整。礼器。锤形，敞口，平底，底中心有穿孔，铜锈满覆。权杖头是一种昭示身份、象征权威的特殊器具。

8.铜圈足鍑

战国—汉代，1992年乌鲁木齐县水西沟镇羊圈沟征集。通高39厘米、口径37

铜圈足鍑

四兽纹铜镜

厘米、耳高8.3厘米。圈足缺失。平沿，弧形唇，弧形腹，沿上有环形双立耳，耳顶有圆柱饰。耳外侧饰双圈形纹，下腹饰一周凸弦纹，近底处有修补的痕迹。铜鍑是北方草原游牧民族的一种炊具，绝大部分在口沿上设有竖立的对称双耳，多圈足或镂空高圈足，有大有小。这类双耳不仅是为了就炊时搬运方便，更是为了马背民族迁徙时携带方便。

9.四兽纹铜镜

隋唐时期，2007年萨恩萨伊墓地出土。直径8.4厘米、厚0.2厘米。完整。圆形，弓形纽，圆纽座，素窄凸缘。镜背纹饰可分为内外两区，内区为内向十二连弧纹一周，外区四卧兽将镜背分为四等分，以一周凸弦纹相连，同时将镜背分为内外区。内区两凸弦纹间饰一周铭文，铭文字迹不辨。

五　砖瓦

飞马流云纹砖

清代，1991年乌鲁木齐巩宁城遗址出土。两块砖皆长34.5厘米、宽16厘米、厚5.7厘米。基本完整。此两砖为建筑构

飞马流云纹砖

铁鼎

件，用作装饰，砖坯上用阳刻法浮雕奔马造型，上下有云纹装饰。马圆目，作回首、四蹄奔驰状。两块砖面纹饰相对，砖的一端磨出斜面。两匹飞马造型生动，线条流畅，栩栩如生。

六　铁器

铁鼎

清代，乌鲁木齐迪化城隍庙征集。通高103厘米、口径57厘米、厚4~6厘米。敞口，平沿，尖唇，粗颈，弧腹，下有三个兽形足。在鼎腹有纪年铭文“皇清光绪九年春日”，在颈腹部用楷书自右至左刻捐资人姓名及钱额，口腹部有范铸印痕。

七　雕塑

草原石人

隋唐时期，1991年乌鲁木齐种羊场

草原石人

谢家沟征集。通高100厘米。基本完整。用自然的粗砂岩砾石琢磨而成，圆脸，五官集中，雕刻清晰，雕出双目，八字胡，右手握杯置胸前，左手抚剑，腰部系带，整体造型生动。

八　货币

1.光绪银圆

共9枚，包括迪化一钱、迪化二钱、迪化贰钱、迪化三钱、迪化叁钱。正面竖写汉文，中间为“光绪银圆”，右边为“迪化”，左边为“二钱”，外缘压一圈齿状纹，背面的中间写着维吾尔文。

光绪银圆

清光绪十五年（1889年）以后所铸的一系列不同面值银币，标志着当时新疆混乱的天罡银币改革初见成效，开始逐步使用统一的新疆银币。

2.毛泽民负责发行新币票样1元

1939年新疆商业银行发行，长15.3

毛泽民负责发行新币票样1元

厘米、宽7.8厘米。正面为白底粉色图案，中部为一座古建筑，上端从右至左印“新疆商业银行”字样，背面印有毛泽民化名周彬的拉丁文签名。

该币首次发行总额2000万元，票面有十元、五元、三元、一元及辅币五角、三角、二角、一角、五分、三分10种。新币的发行使新疆币制在短期内得到统一，以“元”计的纸币代替了以“两”计的落后币值。这是毛泽民代理新疆财政厅厅长期间，实行货币改革的珍贵实物。

九　革命文物

乌鲁木齐市博物馆馆藏有革命文物80余件，其中一级革命文物16件／套，一般文物64件，种类包括1937—1946年革命烈士遗物、各类档案文献、《新疆日报》报照、革命前辈采访回忆录、各类武器、徽章等。其中毛泽民、陈潭秋、林基路烈士的遗物反映了抗日战争时期中国共产党人在新疆的光辉历程。

1.新疆省财政专修学校安杰青的毕业证书（1939年）

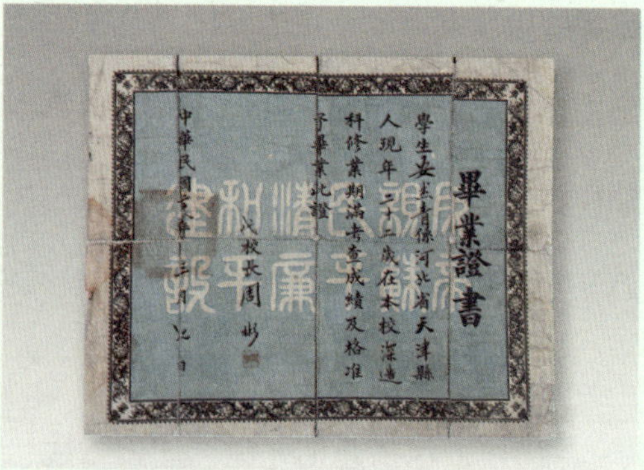
畢業證書

學生安杰青係河北省天津縣人現年二十二歲在本校深造科修業期滿考查成績及格准予畢業此證

校長周彬

新疆省财政专修学校安杰青的毕业证书

证书通长38厘米、通宽32厘米，正面背景蓝色，书白色“反帝、亲苏、民平、清廉、和平、建设”六大政策内容，证书右侧有“代校长周彬”的签字和印章。1938年，毛泽民（化名周彬）创立了新疆财政专修学校并担任校长，亲自为学生授课，培养了大批财政人员并派驻到全疆各地从事财政工作。

2.新疆商业银行于民国27年（1938年）发行的股票

股票长52厘米、宽26厘米。股票上有新疆商业银行理事长周彬（毛泽民）的钤印、新疆商业银行股票存根和股票取息表。

1938年2月，毛泽民改新疆省立银行为商业银行，主持制定了《新疆商业银行认股简则》，第一期发行单价50元股票，入股者可得股息和红利，其中官股利低、商股利高；存款利率高，借款利息低。商业银行首次发行的100万股股票被各族市民认购一空。

3.邓发烈士的皮帽

接受捐赠的邓发烈士遗物。皮帽直

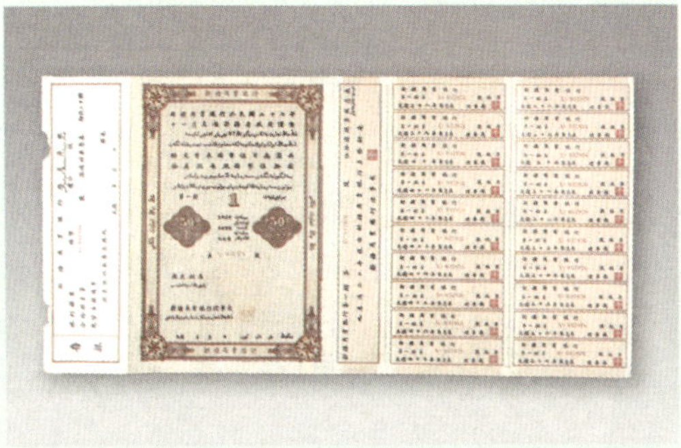

新疆商业银行于民国27年（1938年）发行的股票

邓发烈士的皮帽

径20厘米，应为航空制式皮帽。

4.陈潭秋烈士的皮大衣

接受捐赠的陈潭秋烈士遗物。大衣通长136厘米、通宽130厘米。质地为皮革，领口处磨得发白，翻领。1940年5月，曾在“新兵营”学习的冯铉、曾三、荆振昌等14位同志奉调回延安，陈潭秋到机场送行时看到荆振昌的衣服单薄，就把自己穿的皮大衣和帽子送给荆振昌。荆振昌珍藏着这件皮大衣，1965年捐赠给八路军驻新疆办事处纪念馆。

陈潭秋烈士的皮大衣

5.陈潭秋烈士的毛毯

接受捐赠的陈潭秋烈士遗物。毛毯长207厘米、宽146厘米。粗羊毛制成，姜黄底色，黑色横条纹。1940年西路军总支队奉命返回延安，陈潭秋看到无线电学员

陈潭秋烈士的毛毯

李培基衣服单薄，便将此毛毯送给他途中使用。李培基十分珍爱，一直收藏在身边，1980年捐献给八路军驻新疆办事处纪念馆。

6.漫画木刻选集

1942年4月由新疆民众反帝联合会出版发行的《反法西斯漫画选集》，长35厘米、宽28厘米，全书41页，分“反法西斯漫画选集”“木刻选集”“漫画论文选集”三部分，以犀利的笔触，抨击和嘲讽德、意、日为首的法西斯政权的倒行逆施。漫画有汉语与维吾尔语双语说明，用通俗易懂的漫画形式在民众间大力报道世界反法西斯阵营的立场观点是新疆抗战漫画的一个显著特点。

7.毛泽民使用过的铜制煤油炉

这是20世纪30年代的一盏铜制煤油炉，瑞士制造。上面有撑锅具的支架，下面是装煤油的扁罐，有喷火口和调节阀。1938年2月，毛泽民化名周彬任新疆省财

漫画木刻选集

毛泽民使用过的铜制煤油炉

政厅代厅长，工作繁忙，常常早出晚归，不能按时吃饭，致使胃病更加严重。财政厅多次想派人照顾他的饮食起居，他都谢绝了，他找来一盏煤油炉，工作间隙给自己做饭、热饭。1942年毛泽民被“软禁”前将煤油炉送给勤务员张德胜，1965年张德胜将煤油炉捐赠给八路军驻新疆办事处纪念馆。

8.毛泽民为新疆省立医院购置的X光机影光板

1941年毛泽民任新疆省民政厅代厅长期间，主持扩建新疆省立医院，为医院从苏联购置了一台X光机，提高了医生诊疗的准确性。这是新疆省立医院拥有的第一台X光机。

毛泽民为新疆省立医院购置的X光机影光板

乌鲁木齐市博物馆

乌鲁木齐市博物馆位于水磨沟凤起街111号乌鲁木齐文化中心。文化中心占地面积约17万平方米，建筑面积约25.65万平方米，由展览馆、博物馆、规划馆、文化馆、音乐厅、大剧院六个单体建筑组成，整个建筑群犹如一朵盛开的雪莲。

乌鲁木齐市博物馆建筑面积约3.45万平方米，建筑高37.65米，地上5层、地

乌鲁木齐文化中心·乌鲁木齐市博物馆

一层大厅

下1层，展陈面积近1万平方米。一层为序厅，二、三层为通史展厅，四层为“家园记忆展”和“乌鲁木齐非物质文化遗产展”，五层为研学基地及临时展厅。

《石榴为什么这样红》主题雕塑长约23米、高6米，以壮美的博格达峰为背景，以“新疆各族人民像石榴籽一样紧紧抱在一起”为中心点，展现乌鲁木齐是古代丝绸之路和现代一带一路中的重要中心枢纽，将历史与现实有机统一，彰显了乌鲁木齐深厚的历史底蕴，表达了新时代新疆各族人民团结、友爱、互助、发展的主题。

一　序厅

序厅高17米，中间以主题雕塑场景、两侧以书画卷轴的形式表述了在中华历史文化大背景下的乌鲁木齐历史文化的发展变迁。缓坡式上行到画轴后方，映入眼帘的是巨幅裸眼3D影片《家国天下万里同，亚心之地擅繁华》。在胡杨林、花

序 厅

海和古城等场景变化中，让观众感受到“你站在时间那里，而我站在这里”的神奇力量。

二　基本陈列：乌鲁木齐历史文化陈列

以中国通史为轴线，通过文物、图片和多媒体互动等展陈方式，让历史发声，让文物说话，展现了从先秦至民国时期乌鲁木齐的历史发展变迁，勾勒展现多元一体的中华文化之乌鲁木齐篇章。

乌鲁木齐的历史文化以雄伟的天山为背景，在亚洲大陆地理中心徐徐展开，旧石器时代晚期便有先民活动的遗迹，几千年的历史长河中这里是沟通天山南北草原游牧和绿洲农耕的十字通道。汉代则是丝路古道的重要节点。唐代已成为丝绸之

乌鲁木齐历史文化陈列厅

路新北道上的重镇，保障着丝绸之路的通达。清代乌鲁木齐的大规模开发逐渐成为“繁华富庶，甲于关外”之地，1884年新疆建省以迪化为省会，乌鲁木齐成为新疆的政治、文化、经济中心。

距今4.5万年的旧石器时代，新疆大地已有人类活动。距今4000年前后，天山南北进入青铜时代。距今3000年前后进入早期铁器时代，人们使用陶器、青铜器和少量铁器，以农业和畜牧业为主。

乌鲁木齐地处新疆天山山脉东段的西缘北麓博格达峰脚下，早在旧石器时代晚期，就有人群在柴窝堡湖畔狩猎采集。距今3500年前后，生活在乌鲁木齐河谷地带的古人寻草逐水，骑马牧羊，耕作收获，繁衍生息。在这里，彩陶与青铜“对话”，勾勒出了一幅东西文化交往、交流、交融的历史画卷，成为亚欧大陆中部史前的组成部分。

以场景和文物展现柴窝堡湖细石器遗址采集的一批用于狩猎、捕鱼的石器，这些石器在制作方法上与西方、中国华北地区存在着一定的联系，说明在旧石器时代晚期，乌鲁木齐所在的天山地区存在东西方人群的文化交流。

先秦时期着重展示了乌鲁木齐延续时间最长的文化遗存——萨恩萨伊墓地。2006—2008年共发掘180座上至青铜时代下至宋元时期的墓地。萨恩萨伊考古文化类型不仅丰富了新疆天山地区早期青铜时代文化，充分表现出乌鲁木齐自先秦时期就是东西文化交往、交流、交融之地。展柜中展示的是萨恩萨伊墓地中出土的珍贵文物——青铜器、马具、陶器、骨饰等。

彩陶是中华文化的重要标识，陶器是新疆考古文化的重要组成部分。黄河流域的彩陶文化，经河西走廊进入新疆地区形成了这条以彩陶为代表的早期中国文化自东向西拓展传播的“彩陶之路”。乌鲁木齐地区出土的彩陶从器形和纹饰上都表现出这一文化传播的特点。

阿拉沟黄金古墓位于天山山谷，1976年考古发掘100多座春秋战国至西汉时期的墓葬。塞人贵族墓中出土金器、青铜器、丝绸、漆器等珍贵文物，丝绸、漆器是目前天山地区发现最早的实物。

其中有4座竖穴木椁墓出土虎纹圆金牌、对虎纹金箔带、狮形金箔、方座承兽铜盘等珍贵文物。

古代先民们相信万物有灵，出现了山川崇拜、动植物崇拜、生殖崇拜、自然崇拜等原始崇拜。展览以多媒体大屏展示

先秦时期展厅

以多媒体方式展示原始崇拜

康家石门子生殖崇拜、天山博格达动物岩画等内容。

汉代是中国多民族大一统格局基本形成的重要历史时期。公元前138年、公元前119年，汉武帝派遣张骞两次出使西域，打通了陆上丝绸之路。公元前60年，西汉统一西域，设立西域都护府，设官置守，行使国家主权，新疆地区正式成为中国版图的一部分。

“汉之号令班西域矣，始自张骞而成于郑吉。”从此以后，中国历代中央王朝都在西域设官建制，有效地行使对西域

两汉时期展厅《汉统西域》大型浮雕

地方的管辖权，大一统观念逐渐深入人心。丝绸之路的开通，促进了东西方文明的交流，推动了新疆地区不断向前发展。乌鲁木齐附近的天山古道成为丝绸之路的重要组成部分。

《汉统西域》大型浮雕生动形象地描绘了汉武帝派张骞两次出使西域，开辟丝绸之路以及首任西域都护郑吉在西域二十多年，为西汉统一西域大业建立不朽功勋的历史画卷。

丝绸之路是连接中国腹地与欧洲诸地的陆上商业贸易通道，形成于公元前2

世纪至公元1世纪间，直至16世纪仍保留使用，是一条东方与西方经济、政治、文化交流的主要道路。西汉时期以长安为起点（东汉时为洛阳），经河西走廊到敦煌。从敦煌起分为南北两路：南路从敦煌经楼兰、于阗、莎车，穿越葱岭（今帕米尔）到大月氏、安息，往西到达条支、大秦；北路从敦煌到交河、龟兹、疏勒，穿越葱岭到大宛，往西经安息到达大秦。德国地理学家李希霍芬最早在19世纪70年代将之命名为“丝绸之路”后，被广泛接受。

魏晋南北朝是我国各民族大迁徙、大融合的时代。经历了400年的分化与

魏晋南北朝展厅

整合，新疆地区与中原地区的一体化进程不断深入，这一时期在西域设置有戊己校尉和西域长史府。展厅以长史府场景再现各民族大迁徙、大融合的时代风貌。

唐朝统一西域后，设立安西、北庭两大都护府。位于丝绸之路北道的白水涧道上的乌鲁木齐地区，隶属北庭都护府管辖。展厅中以场景和多媒体相结合的方式展示现存时代最早、保存比较完好的乌拉泊古城遗址。1300多年前作为丝绸之路新北道的重要军事城堡的乌拉泊古城，与周边长城烽燧共同组成完整的军政驻防体系。屯田戍边的将士保障着往来穿行的商贾、守土耕种的居民，共同勾勒出一幅丝绸之路畅通繁盛的景象。

隋唐时期展厅

五代宋辽金时期西域出现高昌回鹘王国、于阗王国和喀喇汗王朝等地方政权并立的局面，最终统一于西辽，实现了西域的局部统一。这一时期，乌鲁木齐地区先后由高昌回鹘、西辽两个地方政权管辖。宋代，西域地方政权与宋朝保持着朝贡关系。高昌回鹘尊称宋朝为舅，自称西州外甥，以“甥舅之谊”表达与中原的关系。

展厅中间的雕塑是王延德。王延德是北宋大名（今河北大名）人，奉命出使西域高昌，归来撰写了《王延德使高昌记》（又称《西州使程记》），载于《宋史·高昌传》，是研究北宋时期高昌回鹘社会状况的宝贵资料。

元明是继秦汉、隋唐之后，中国历

五代宋辽金时期展厅

史上的第三次大统一时期。同时，元朝也是中国历史上又一次民族大迁徙、大融合时期。元朝首次在西域设立行省。明朝设立哈密卫，继续行使着对西域的管辖权。西域存在的察合台汗国和叶尔羌汗国等地方政权，都保持着对中央政权的认同。新疆各民族进一步融合，涌现出一批政治家、文学家、艺术家、史学家、农学家、翻译家等，助推新疆各民族文化达到了一个发展高峰。这一时期的乌鲁木齐地区先后属元代别失八里、东察合台汗国、瓦剌部（卫拉特蒙古）管辖。

清朝是我国统一多民族国家最终确立的时期。清代前期，基本奠定了中国近代国

元明时期展厅

清代展厅

家版图。清政府出兵消灭准噶尔地方政权，重新统一新疆，1762年设立伊犁将军府，实行军政合一的军府体制。1884年在新疆地区建省，并取“故土新归”之意，改西域为“新疆”，定迪化（乌鲁木齐）为省会。

清代展厅的序厅中间展示一块高94厘米、宽94厘米、厚24厘米的深浮雕双龙戏珠纹碑额，这方1988年出土于乌鲁木齐市红旗路中段的明清时期的金汤永固石碑的出土地是1763年修建的迪化城（今乌鲁木齐）西墙护城河的位置，金汤永固碑应是奠基碑，寓意修建的迪化城池固若金汤，坚不可摧。

清代，乌鲁木齐是地区名称，东边包括巴里坤，东南包括哈密、吐鲁番接辟展，西边包括精河、库尔喀喇乌苏界博罗塔拉，西南接伊犁，南连天山接喀喇沙尔，北至塔尔巴哈台界。乾隆二十三年（1758年）在乌鲁木齐河东筑土城，乾隆二十八年（1763年）土城加筑重修赐名迪化城。1772年，在迪化城西北八里建成巩宁城，乌鲁木齐都统、迪化直隶州知州、州学正等官员均驻巩宁城。乌鲁木齐逐渐由单纯的军事“城堡”，转变成真正意义上的“城市”，为乌鲁木齐成为新疆政治、军事、经济中心奠定了基础。

1865年浩罕汗国军官阿古柏入侵新疆，侵占了新疆大部分地区。1875年清政府

深浮雕双龙戏珠纹碑额

任命陕甘总督左宗棠为钦差大臣，督办新疆军务。1876年，左宗棠坐镇肃州（今甘肃酒泉），命刘锦棠、金顺率师出关，消灭了阿古柏侵略军。仅一年多时间，收复了除伊犁以外的新疆地区。1884年11月，新疆建省，定迪化（今乌鲁木齐）为省会。

新疆布政使题名碑，出自新疆布政使衙署大堂，通高166.5厘米、通宽63厘米、厚17.5厘米，底座高50厘米、宽85厘米。青砂岩石质。圜首，前有记，后有历任布政使职官名录及其授职时间。据《新疆图志》载，继王树枏后任新疆布政使的还有杜彤、陈际唐。此碑立于王树枏光绪三十二年（1906年）任职期间。

省城砖，1990年乌鲁木齐天山区固原巷药王庙征集。长38厘米、宽20厘米、厚9.5厘米，重约12千克。砖为青色，模制，上有阳文“省城砖”三字。此砖发现

新疆布政使题名碑

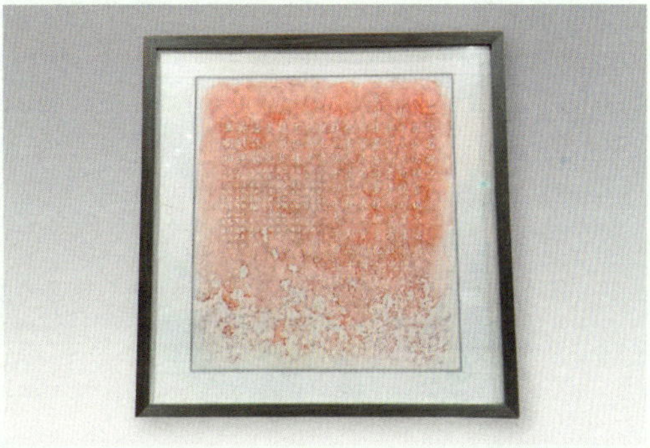
新疆布政使题名碑拓片

于迪化城外南关东哨门附近，是新疆建省后光绪十二年（1886年）扩建迪化城的历史见证。

1886年扩建后的迪化城汉、满两城贯通平面呈五边形，有惠孚门（今小东门）、承曦门（今东门）、丽阳门（今小南门）、肇阜门（今南门）、庆丰门（今大西门）、徕远门（今小西门）、憬惠门（今北门）等。

清代—民国前期展厅是以场景复原、图文并茂的方式展示乌鲁木齐这一重要历史时期发展阶段。以老照片和《乌鲁木齐掌故》等文献记载为依据复原的迪化大十字中心街道附近的街景，穿行于鳞次栉比的商铺间，一步一景，耳边时不时会传来一阵阵叫卖吆喝声，给观众带来一场穿越时空的沉浸式参观体验。

展示的这组老照片是1905—1935年

省城砖

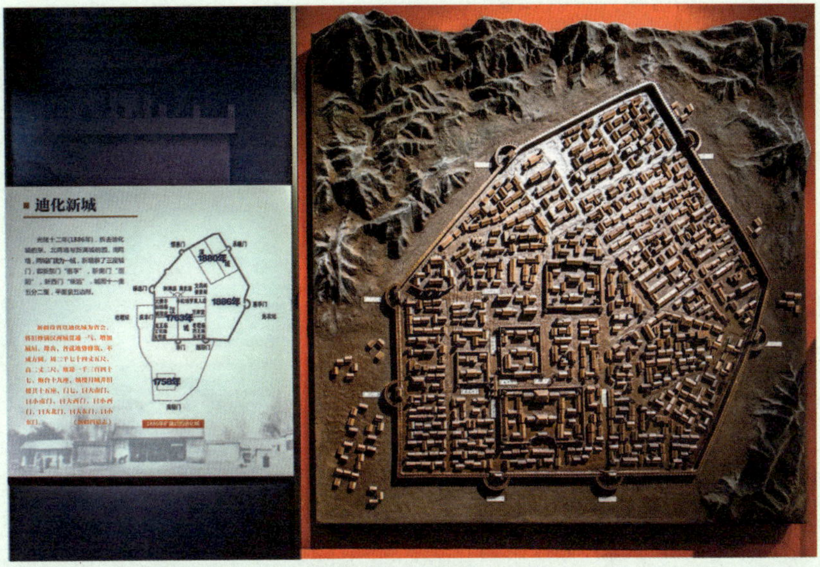

1886年扩建后的迪化城

100多年前迪化（乌鲁木齐）老照片展板

根据1930年中国西北考察团袁复礼拍摄的照片复原的左公祠

由外国探险家兰司铁、马达汉、莫理循等人以及中国西北考察团拍摄的，真实地反映了100多年前乌鲁木齐的历史面貌及社会生活。

左文襄祠(左公祠)，祠堂修筑于清光绪十三年(1887年)，为纪念左宗棠率清军出关收复新疆故土而建。祠堂大门上方有写着“左文襄祠”的牌匾。

大十字牌楼原立于大十字的南街口和北街口，为三间四柱三楼殿顶式，悬挂有“屹镇岩疆”匾额。清光绪十年（1884年）新疆建省时修建。

迪化城街景再现了《西域闻见录》记载的“繁华富庶，甲于关外”的迪化

复原场景：大十字牌楼

城繁华景象。跟随左宗棠部队收复新疆的“赶大营”的天津杨柳青人，带来“百业进疆”，在迪化大十字一带形成了一批商号，以“天津八大家”商铺最具盛名。

永盛西：迪化“新八大家”之首，主要经营布匹、点心和各类副食品。由天津杨柳青人刘鉴周于1908年担小篓步行至迪化经营的两大间门市。

蔚丰厚票号：是山西蔚丰厚票号在

复原场景：清代迪化城大十字街景

复原场景：永盛西

复原场景：蔚丰厚票号

复原场景：迪化城街景

迪化成立最早的票号，其分号遍布全国，在新疆，以迪化为中心，分别在伊宁、阿勒泰、哈密等地设分号。

1911年辛亥革命爆发，推翻了清朝封建专制统治，建立了中华民国，新疆也积极响应辛亥革命，相继爆发了迪化起义和伊犁起义，迪化起义打响了新疆响应辛亥革命第一枪。

民国时期新兴商业的不断发展，形成了专业的街市或市场，其中有衣铺街、铜铺街、马市、粮食市等。铜铺街是一条长约150米、宽约8米的街道，因铁匠铺和铜匠铺居多，故而得名铜铺街。

街景右侧的董宝祥当铺是陕西人董宝祥在迪化三角地开设的当铺。左侧为迪化第一家电影院——德元电影院。

永和车马店开业于1903年，由陕西人高永升经营，专门接待奇台、三台、吉木萨尔等地的商客，也提供食宿。

民国后期部分主要展示内容为1921

民国前期展厅

复原场景：民国时期街景

复原场景：迪化惠孚门

复原场景：邮政局（当时迪化第一家邮局）

复原场景：街边烤肉店

复原场景：德聚合绸缎庄，经销全国各地呢绒丝绸，花色繁多、种类齐全

复原场景：1917年新疆创办的第一所女子学校——迪化县立女子国民学校（根据1930年袁复礼拍摄的照片复原）

复原场景：露西亚银行（根据1930年袁复礼拍摄的照片复原）

民国后期展厅——“红旗漫卷天山雪”主题展板

年中国共产党成立后，特别是抗日战争时期，建立抗日民族统一战线，党中央派100多名共产党员到新疆开展工作，促进新疆经济、文化、教育工作等事业发展。

共产党人在新疆的光辉历程。1921年7月中国共产党诞生。1934—1936年，一批共产党员以联共党员的身份受共产国际委派到新疆。

1937年7月抗日战争全面爆发，1937年10月在迪化设立了八路军驻新疆办事处，新疆抗日民族统一战线正式形成，对外称“南梁第三招待所”。陈云、滕代远、邓发、陈潭秋先后担任党代表和八路军驻新疆办事处主任。

新疆各族人民积极投身抗日救亡运动，开展抗日募捐，1937—1940年新疆各项捐款折合大洋322万元，提款购买144架飞机送往抗日前线，为中国人民抗日战争和世界反法西斯战争的胜利作出了贡献。

建立八路军驻新疆办事处展板

复原场景：抗日募捐

复原场景：宣传新文化

1948年9月至1949年1月，人民解放军先后发动了三大战役，人民解放战争的迅猛发展使国民党在全国的反动统治濒临覆灭。1949年9月15日，中国共产党联络员邓力群抵达迪化，向陶峙岳、包尔汉面交张治中敦促起义的电文。中共中央西北局指挥的第一野战军向大西北神速推进，节节胜利，在军事打击和政治争取下，1949年9月25日新疆和平解放。在开国大典的礼炮声中，中国人民解放军凯歌进新疆，从此开创了新疆历史的新纪元。1949年11月8日，中共中央新疆分局成立。12月17日，新疆军区和新疆省人民政府宣告成立。1954年2月1日，迪化正式更名为乌鲁木齐。

八路军驻新疆办事处的旧址模型，为中苏合璧式的二层小楼，背景图为在新疆的共产党人的名录

民国后期展厅

复原场景：大阅兵

1949年12月17日，彭德怀、王震、张治中在迪化大银行前进行了入城大阅兵

八路军驻新疆办事处纪念馆

八路军驻新疆办事处纪念馆由全国重点文物保护单位八路军驻新疆办事处旧址和纪念馆两部分组成，旧址总占地面积6431平方米；纪念馆占地面积5331平方米，建筑面积7881平方米。旧址与纪念馆之间近10米的落差由一条“之”字形折线进行连接，象征着革命道路的艰难曲折，最终走向光明和胜利。八路军驻新

八路军驻新疆办事处纪念馆俯瞰

八路军驻新疆办事处旧址

中学生在旧址陈云铜像前举行入团仪式

疆办事处旧址是目前全国14个八路军办事处旧址中保存最完整的一处。1962年旧址被公布为自治区级文物保护单位，定名为革命烈士纪念馆；1965年10月更名为八路军驻新疆办事处纪念馆，1975年董必武题写了馆名。2004年12月，八路军驻新疆办事处纪念馆被中宣部、国家发改委等九部委列为“全国百家红色旅游经典景区（点）重点建设规划”之一。2007年被国家民族事务委员会公布为全国民族团结进步教育基地。2009年被中宣部公布为全国爱国主义教育示范基地。2015年被国务院公布为国家级抗战纪念设施、遗址。

八路军驻新疆办事处旧址复原陈列

八路军驻新疆办事处旧址，建于1933年，建筑面积503.6平方米，是一幢中苏合璧式的土木结构二层楼房，为1937年至1942年抗日战争时期中国共产党在新疆领导抗战的办事机构所在地。

复原陈列是根据1975年原在八路军驻新疆办事处担任副官的林超（化名任德山）的回忆进行布置。室内陈设1975年从新疆维吾尔自治区党委、自治区财政厅及老同志的家中征集的20世纪30—40年代物品以及苏联驻迪化领事馆的办公家具，基本客观地展现了当时的情景。

八路军驻新疆办事处对外称“南梁第三招待所”，没有独立的警卫，由盛世才选派副官、卫士、门卫、马夫、炊事员等工作人员，也是监视共产党员的特务。在这里

卫士住房

曾在八路军驻新疆办事处驻留过的中共同志

二层宿舍

工作的部分卫士在共产党员的影响下发生转变，不仅不向盛世才报告共产党人的行动，还将盛世才的一些情况通报给办事处。

这里曾接待过的经新疆往返于莫斯科和延安的中共和爱国民主人士有周恩来、邓颖超、张闻天、任弼时、王稼祥、蔡畅、刘亚楼、陈昌浩、许光达、钟赤兵、冼星海、林彪、蔡树藩等，以及国际友人如越南共产党总书记胡志明、日本共产党主席野坂参三、印度尼西亚共产党领导人阿里阿罕姆等。

二层宿舍是1939年至1940年周恩来因右臂受伤经新疆去苏联疗养，曾经居住过的房间。1982年邓颖超来新疆视察，在参观时回忆，当年就住在这间南屋，一出门右边是楼梯。

会议室

会议室是旧址最大的一个房间，是八路军驻新疆办事处的人员学习和开会的地方，对内是会议室，对外则是会客厅。1941年6月《中央关于中国共产党诞生二十周年、抗战四周年纪念指示》第一次正式以中央文件形式确认7月1日为党的诞生纪念日并要求进行相关纪念活动，陈潭秋在这里组织举办了庆祝中国共产党二十

党代表办公室

周年诞辰纪念会。

机要室主要存放和处理党的机密文件。冯铉、王韵雪、吉合、杨南桂等共产党人曾在此办公。

一层大厅复原了当年办公学习的场景。1938年9月，受盛世才阻挠没能进入新疆航空队学习的八路军学员们，在这里组织成立航空训练班，由郑德担任班长，王弼任党支部书记并担任航空理论教员，开展航空理论教学工作。这在我党我军的历史上是第一个航空学习班。

旧址共有12间屋子，楼上7间，楼下5间，每两间房的隔墙都安装有黑色铁皮炉子，称“羊毛炉”，炉子直径约50厘米，用于冬季取暖。

机要室

航空班办公学习处

羊毛炉

八路军驻新疆办事处纪念馆

八路军驻新疆办事处纪念馆为一幢台阶式五边形缓坡建筑，形如一座崇山，寓意革命事业的崇高伟大，屋顶的中央镶嵌有红色的五角星天窗，与旧址的红色屋顶交相呼应，象征先烈精神将永远被传承。主体建筑外墙用新疆的卡拉麦里金石板，粗粝的墙面质感表达了革命年代的艰苦生活和坚韧的革命精神。

八路军驻新疆办事处纪念馆新馆全景

新馆内景

基本陈列

1937年7月，抗日战争全面爆发，抗日民族统一战线建立。1937年10月，八路军驻新疆办事处随之成立，对外称“南梁第三招待所”。中国共产党选派100多名干部来到新疆工作，开展马列主义和进步文化思想传播，为新疆的文化教育、经济建设、边防巩固作出了卓越的贡献。

八路军驻新疆办事处是中国共产党领导新疆民众抗日救国的中枢，是延安与莫斯科之间的红色“桥梁与纽带”，是运

雕塑《播火天山》

输国际援华物资的重要中转站。中国共产党人团结带领新疆各族民众共赴国难，新疆各族人民中华民族意识空前觉醒，中华民族共同体意识根植民心，为新疆和平解放和新中国的建立奠定了坚实基础。

中国共产党驻新疆代表、八路军驻新疆办事处主任陈云、滕代远、邓发、陈潭秋四任党代表受党中央的派遣来到新疆，团结带领各族群众，进行艰苦卓绝的奋斗，将革命的火种撒播到祖国的西北边陲，星星之火终成燎原之势。

一　序篇　扬帆起航

1921年7月23日，中国共产党第一次全国代表大会在上海开幕，来自7个共产党早期组织的13位代表与2位共产国际代表出席了会议，会议最后一天转移到浙江

序　厅

嘉兴南湖的游船上完成了大会的议程，正式宣告中国共产党成立，中国革命的面貌从此焕然一新。

二　第一部分　星火西进

1931年日本发动九一八事变，侵占东北全境，成为中国人民抗日战争的起点，同时揭开了世界反法西斯战争的序幕。1933年初，退入苏联的东北抗日义勇军连同家属计3万余人陆续抵达新疆并奉命留在新疆。他们中的大多数为巩固新疆边防、维护祖国统一、建设新疆作出了贡献。1937年10月初，八路军驻新疆办事处在迪化（今乌鲁木齐市）设立，成为党领导新疆民众抗日救国的中枢，也成为延安与莫斯科之间的红色“桥梁与纽带”和运输国际援华物资的重要中转站。

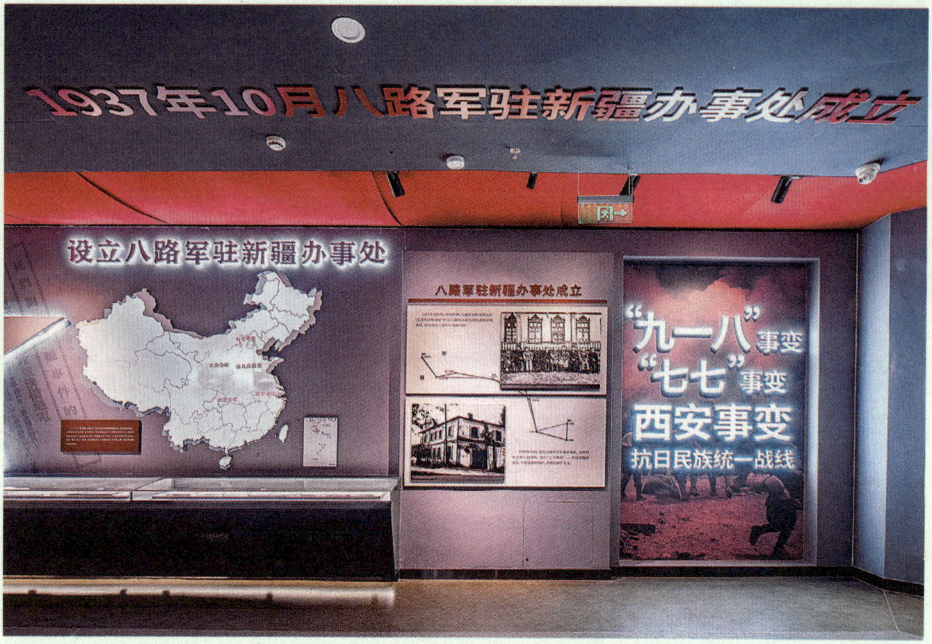

全国八路军驻新疆办事处分布图文及八路军驻新疆办事处设立

陈云（1905—1995年），上海青浦人。伟大的无产阶级革命家、政治家，杰出的马克思主义者，中国社会主义经济建设的开创者和奠基人之一，党和国家久经考验的卓越领导人，是以毛泽东同志为核心的党的第一代中央领导集体和以邓小平同志为核心的党的第二代中央领导集体的重要成员。

滕代远（1904—1974年），苗族，湖南麻阳人。1925年加入中国共产党。中国工农红军早期创始人之一，是中国人民解放军的领导者之一，还是新中国人民铁路事业的奠基人。1937年与陈云等从苏联赴新疆组织援接西路军左支队余部进入迪化。同年12月到达延安后，任中共中央军委参谋长。

邓发（1906—1946年），原名邓元钊，广东云浮人。杰出的无产阶级革命家，中国共产党前期领导人之一，中国工人运动的早期领导人。1922年参加香港海员大罢工。1925年加入中国共产党，同年参加省港大罢工和东征战役。1937年9月，由苏联回国留在新疆，化名方林，协助陈云工作。1938年1月，受党中央指示，担任中国共产党驻新疆代表和八路军驻新疆办事处主任。1939年9月回到延安。

陈潭秋（1896—1943年），名澄，字云先，号潭秋，湖北黄冈县（今湖北省

展厅展板：四位党代表

展厅图片：选派中国共产党党员赴新疆工作

黄冈市黄州区）陈策楼人，无产阶级革命家。是中国共产党创始人之一。1939年9月化名徐杰担任中国共产党驻新疆代表和八路军驻新疆办事处主任。1943年9月27日，被新疆军阀盛世才秘密杀害，壮烈牺牲于天山脚下，时年47岁。

八路军驻新疆办事处成立后，党中央就选派一批干部赴新疆工作。上图是中国共产党部分干部从延安来新疆工作前的合影。这是他们由八路军驻西安办事处出发前拍的照片。

抗日战争时期，新疆迪化与延安之间有一条神秘的专线——延安专线。中国共产党领导人经新疆往返莫斯科的秘密行程都通过这条电路的联络实行保障。通过此专线抄收的延安方面的新华社电讯，多次刊登在新疆的报纸上。

三　第二部分　共赴国难

1937年4月，中共中央派陈云作为党代表，以援接李先念、李卓然所率领的西路军左支队进入新疆。5月7日，西路军左支队指战员们抵达迪化，整编为总支队，对外称为“新兵营”。

党中央做出了把“新兵营”办成我军多兵种军事技术学校的重要指示。“新兵营”指战员刻苦学习文化和军事技术，系统地学习了汽车、装甲车、炮兵、无线电、航空（机械和飞行）、医务（军医和兽医）、情报工作等现代化军事技术。

1939年抗日战争进入相持阶段，1940年1月，300多名西路军指战员（除25名航空队学员和部分干部外）返回延安，奔赴抗日前线。

新疆民众反帝联合会，经共产党人黄火青等的改组、整顿，成为中国共产党团结各族人民、反对帝国主义、积极支援抗战的群众性进步组织。其工作是组织和发动群众开展各种活动。

展厅图片：培养军事人才 苦练杀敌本领

展厅图片：1940年返回延安

中国共产党人负责主办的《新疆日报》，为抗日救国、建设新疆、巩固后方、支援前线大造舆论，发挥了战斗号角和民众喉舌的作用。

在国家和民族危亡的时刻，新疆各族人民为献金运动、募集寒衣运动、献机运动、献马运动等捐献大量钱财、实物。仅1937年9月至1940年5月新疆各项捐款折合大洋322万元，提款购买144架飞机运送到抗战前线。

在募捐活动中涌现了很多生动感人的事迹：维吾尔族贫民艾莎送子上前线，哈萨克族孀妇嘉义克捐元宝支援抗战，俄罗斯族医生格林根捐献牦牛作为药资转送前线医院。

展厅内展示了援华物资运输车队运

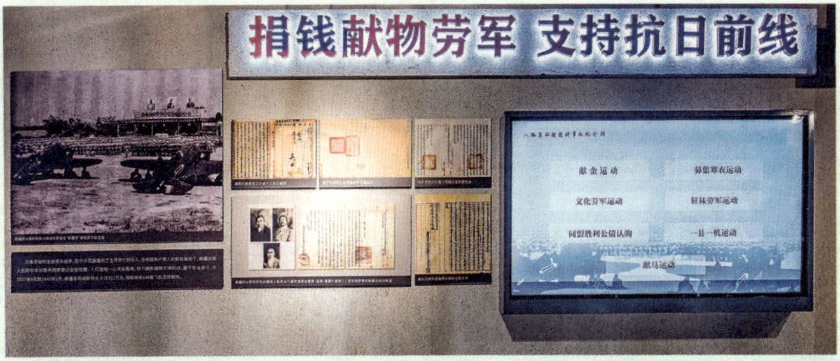

展厅图片：捐钱献物劳军 支持抗日前线

场景复原：羊毛车

输物资的复原场景，主要使用的车辆是吉斯-5型运输车，苏联的援华物资运输车队也叫“羊毛车队”，运送抗战物资后拉回的物资多为羊毛而得名。

八路军驻新疆办事处的重要任务之一就是确保延安经新疆至莫斯科的红色交

展厅图片：全力以赴 保障畅通

抗日战争期间经新疆被送到抗战前线的物资统计

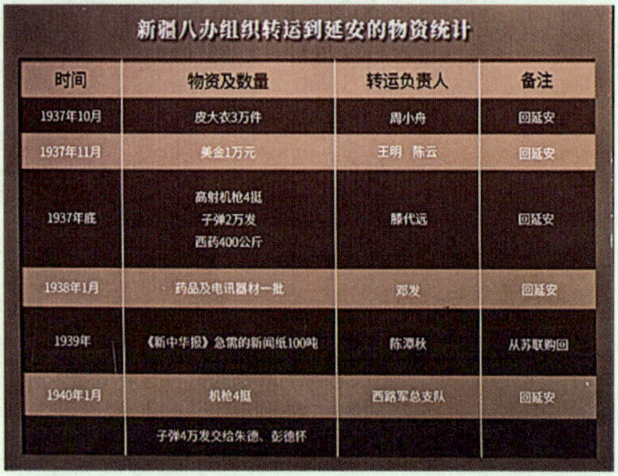

新疆八办组织转运到延安的物资统计

时间	物资及数量	转运负责人	备注
1937年10月	皮大衣3万件	周小舟	回延安
1937年11月	美金1万元	王明 陈云	回延安
1937年底	高射机枪4挺 子弹2万发 西药400公斤	滕代远	回延安
1938年1月	药品及电讯器材一批	邓发	回延安
1939年	《新中华报》急需的新闻纸100吨	陈潭秋	从苏联购回
1940年1月	机枪4挺	西路军总支队	回延安
	子弹4万发交给朱德、彭德怀		

新疆“八办”组织转运到延安的物资统计表

通线畅通，从这条红色交通线经过的中国共产党著名人物有周恩来、邓颖超、张闻天，还有任弼时、王稼祥等。其中日本共产党主席野坂参三（冈野进）、越南共产党主席胡志明等国际友人，也是经过这条红色交通线来往苏联的。

四　第三部分　巩固后方

在中国共产党人和新疆各族人民的努力下，新疆的经济建设事业，如农业、畜牧业、工业和交通业等都有了很大发展。当时，担任行政长、县长等领导职务的黄火青、林基路、韩光、许亮、李云扬等一批中国共产党人，在发展经济、改善民生上下大力气，解除冤狱、鼓励生产、开垦荒地、兴修水利、修桥铺路、积谷备荒、赈灾防疫、救苦

展厅图片：守边护边　保卫国土

展厅图片：发展经济　改善民生

恤贫、安置救济鳏寡孤独，为各族人民做了大量好事，深得民心。

1938年2月，毛泽民被任命为新疆省财政厅副厅长、代理厅长，废除旧银票，发行新币，改新疆省立银行为商业银行，改革税制，发行建设公债，制定财政、银行、金库制度及公务人员奖惩条例。一系列措施使新疆金融稳定、物价趋于稳定、人民生活有所改善。

抗战期间，共产党人和进步人士主

持新疆学院的院务和教学，提出“以民族为形式，以马列为内容”的教育思想和主张，新疆学院被誉为“抗大第二”，教育引领了一批进步青年学生。

抗日战争时期在新疆的中国共产党人先后有27人担任教育行政部门和中小学领导职务与教学工作。确定“六大政策教育”“国防教育”“团结教育”“建设教育”“大众教育”，为发展新疆教育事业作出了创造性的贡献。

中国共产党人推行改革吏治、倡导清廉。健全县级行政机构，起草《县政组织章程》《新疆省各区行政长公署组织暂行条例》等，新县增至14个；废除“农官乡约”制度，参照延安做法，规定民主选举县以下的区长、村长。为人民群众办实

新疆高等学府——新疆学院（新疆大学前身）

展厅图片：改革吏治　民主清廉

一切听党的

事，虽然身居要职，但始终一身正气、两袖清风。

1941年中共中央发出《关于中国共产党诞生二十周年、抗战四周年纪念指示》。根据中共中央的指示精神，在新疆的共产党人开展了各种形式的纪念庆祝中国共产党成立20周年活动。表达了“一切服从党、一切服从纪律、一切服从抗战”的胜利与革命工作的利益。

展厅中有一幅油画，表现的是在迪化的中国共产党人冲破盛世才派出的特务、密探的监视，召开纪念建党二十周年的秘密会议的场景。

共产党人面对严峻的形势，1942年6月陈潭秋组织开展整风学习和革命气节教育，陈潭秋说：“我们身处天山戈壁、

展厅展示的油画作品

插翅难飞的新疆，我们一旦被捕，投入监狱，就要保持共产党人的革命气节，把敌人的监狱变成与敌人做坚决斗争的战场，把牢房变成学习与敌人斗争艺术的学校，把审讯室变成宣传共产党抗日主张和抗日功绩、揭露敌人诬陷共产党人的讲坛，与敌人斗争到底。”通过气节教育，坚定了同志们的革命理想信念，为后来艰苦的狱中斗争打下了牢固的思想基础。

1942年上半年起，盛世才将中国共产党在全疆各地的工作人员陆续调回迪化，与在迪化工作的人员分别集中到八路

气节教育

狱中斗争

复原场景：监狱

狱中中共党员绝食的档案、绝食斗争时提出的五项条件以及高唱《国际歌》的档案

毛泽民、陈潭秋、林基路在监狱中对敌答词

军驻新疆办事处等地。同年9月初，他又将中国共产党在新疆的工作人员全部集中到八户梁招待所进行软禁。9月17日，盛世才以“请客”为名，将陈潭秋、毛泽民及其家属等软禁，又将林基路、李云扬、高登榜等软禁于三角地招待所，将中国共产党航空队员软禁于督办公署后院，至此，八路军驻新疆办事处被迫关闭。

在狱中，敌人无所不用其极，残酷折磨中共党员，仅刑讯逼供一项，其使用刑具种类之多达200余种，手段极其残忍。“百子一条心，集体回延安”，这一直成为全体入狱中共人员的奋斗口号与目标，狱中的中共党员以狱中党组织为核心，将监狱变为学校，将法庭变为战场，坚守革命气节，进行顽强斗争，坚贞不屈、视死

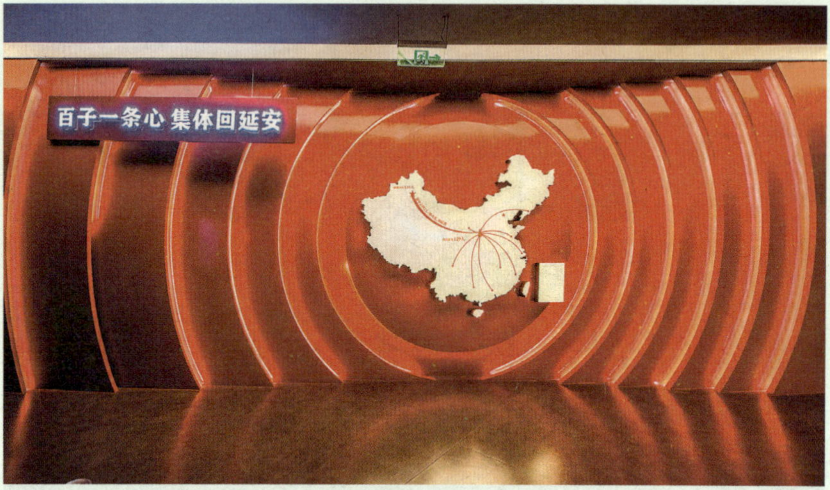

百子回延安

展厅图片：百子回延安

为有牺牲多壮志　敢教日月换新天

赓续前行　抗战胜利

如归，表现了共产党人的凛然正气和铮铮铁骨。1946年6月6日，在张治中的斡旋下，被押于新疆监狱的131名中共党员及其家属被宣告无罪释放，集体回到延安。

1945年9月2日，日本向盟军投降仪式在东京湾密苏里号军舰上举行。9月9日，中国战区日本投降签字仪式在南京举行。9月3日被确定为中国人民抗日战争胜利纪念日，这是中国近代以来反侵略历史上的第一次全面胜利，中国人民为世界反法西斯战争的胜利作出了巨大牺牲和贡献。

新疆作为抗战大后方，有力地支援了前线抗战。在新疆的中国共产党人经历了五年的艰苦工作，开展新文化运动，传播马列主义，激发了民众抗日救国的热情，极大地促进了新疆各族人民的觉醒。四年的铁窗生活，陈潭秋、毛泽民、林基路等革命烈士铸魂天山，为抗日战争的胜利作出了巨大的贡献，我们要传承和发扬用鲜血与生命铸就的伟大抗战精神。

中国工农红军西路军总支队纪念馆

中国工农红军西路军总支队干部大队旧址1962年被公布为自治区级文物保护单位。2001年7月1日，以西后街58号院落为原型异地重建的中国工农红军西路军总支队纪念馆对外开放。2020年，纪念馆进行了整体提升改造，占地面积约960平方米，建筑面积350平方米，由《军旗紧握　红心向党》《浴血

中国工农红军西路军总支队纪念馆外景

河西　祁连巍巍》《陈云在星星峡援接西路军进疆》三座主题浮雕和旧址内基本陈列组成。

纪念馆有17间展厅，陈列了200多张历史图片和70件（组）文物。展览以西路军铁血河西、进驻新疆为抗日民族统一战线和建设新疆做出重要的贡献为主线，分为“铁血征程”“兵营练兵”“淬炼成钢”三个部分，以图片和实物为载体，配以多媒体电教片，展示了西路军铁血河西，进驻新疆，为抗日民族统一战线和建设新疆作出的重要贡献。

纪念馆院内

《军旗紧握 红心向党》主题浮雕

《浴血河西 祁连巍巍》浮雕

基本陈列

一　第一部分　铁血征程

1936年10月，中国工农红军一、二、四方面军在甘肃静（宁）会（宁）地区胜利会师，会师后，红四方面军总部及所辖之九军、三十军、五军计21800余人，遵照中共中央和中央军委的命令，西渡黄河，执行《宁夏战役计划》，后因战场形势变化，于11月改称西路军，转赴河西，

第一部分“铁血征程”第一展厅

第一部分"铁血征程"第二展厅

执行在河西建立根据地和接通"远方"（苏联）的任务。

在河西走廊，西路军与国民党马步芳部十余万人浴血奋战，展开了历时5个多月，先后激战古浪、苦战高台、血战倪家营子的铁血征程之路。歼敌25000余人，最终仅有西路军左支队的400余人于1937年5月抵达新疆。

1937年3月，西路军在石窝山分兵，其中左支队400余人在中共中央代表陈云等的援接下，于1937年5月，中共中央代表陈云、滕代远成功地接应西路军左支队进驻新疆迪化，7月，经中共中央同意取消左支队番号，成立中国工农红军西路军总支队，对外称"新兵营"。

"新兵营"作为抗大式的学校，培

养了一批现代化军事领导干部和军事技术骨干，他们在抗日战争、解放战争、抗美援朝战争中发挥了重要作用，为中国人民解放军军事技术现代化和多兵种建设打下了坚实的基础。

西路军总支队下设一、二、三、四大队和干部大队。内设政治处、医务所、总务科、青年科、警卫排、救亡室等直属机构和5个大队，每个大队辖3个排。

二　第二部分　兵营练兵

抗日战争全面爆发后，依据形势需要，西路军总支队遵照“严守纪律，安心学习”的指示，同从延安选拔来的同志一起，学习装甲、航空、汽车、通讯、军医

第二部分“兵营练兵”第一展厅

第二部分“兵营练兵”第二展厅

等军事课程，每位学员至少掌握一门军事技术，有的掌握2—3门。总支队所在的“新兵营”被誉为第二所抗大式学校。

总支队按照文化程度的不同将战士们分为甲、乙、丙三个班，甲班学习中学课本，乙班学习小学课本，丙班以识字扫盲为主。陈云同志在学习动员会上说：“文化知识是学习其他知识的基础，没有文化就像文盲。学习文化知识是为了更好地学习军事技术，也是为了革命事业的胜利，希望大家要像在战场上冲锋陷阵那样向文化进军。”

1937年秋，经党中央批准，党代表陈云同盛世才商妥，利用新疆航空队为中

第二部分“兵营练兵”第三展厅

国共产党培训航空技术人才。先后从总支队抽调了25名同志，从延安抗大、摩托学校选调了19名同志到新疆航空队学习。

教练机

这43名学员中25人学习飞行，18人学习机械。1938年3月28日航空队学习班正式开课。学习的课程有“航空历史”“飞行原理”“发动机构造”“飞机构造”等。

新疆航空队学员使用过的降落伞，向我们诉说当年在新疆航空队学习的中共学员，克服重重困难，掌握文化知识和军事技术的艰辛历程。

新疆航空队学员使用过的降落伞

当年，陈云同志遵照中共中央“严守纪律，安心学习”的指示，组织指战员开展文化和政治学习，他在动员会上说：“希望大家要像在战场上冲锋陷阵那样向文化进军。”指战员们备受鼓舞，学习热情高涨，大家像攻山头、拼刺刀一样顽强攻克一个个难关。在进行

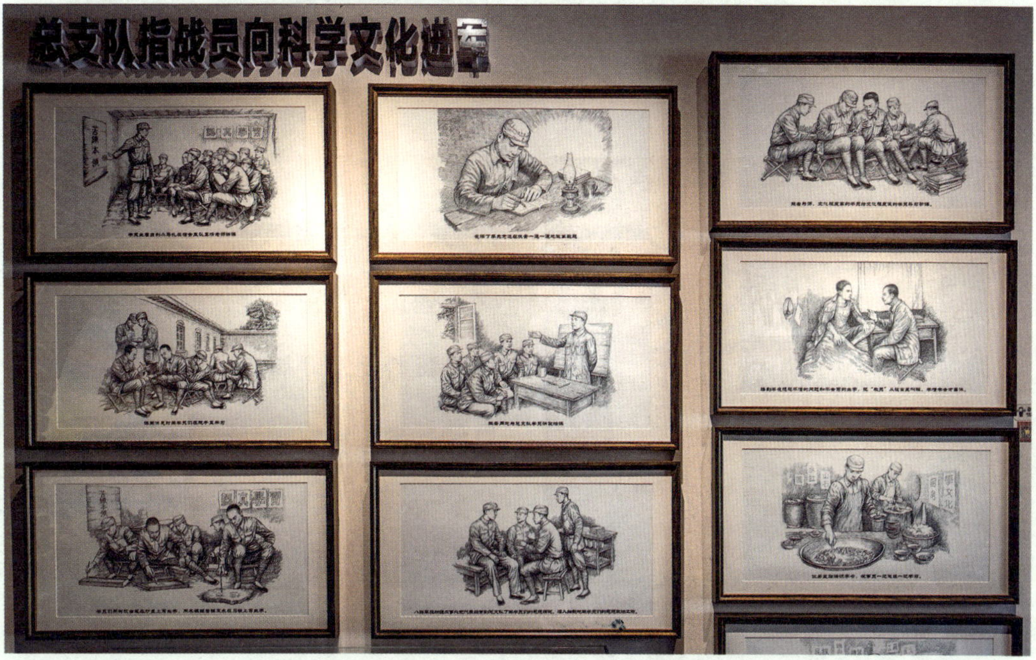

“兵营练兵”向文化进军展示

第二部分“兵营练兵”第五展厅

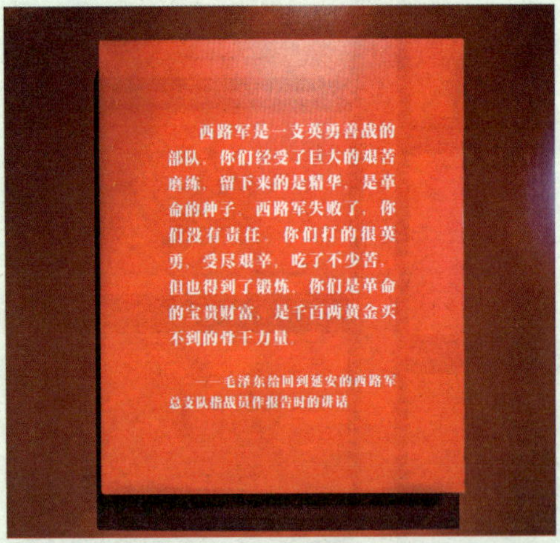

毛泽东给回到延安的西路军总支队指战员作报告时的讲话（节选）

军事技术学习时，新疆航空队的中共学员为了快速掌握航空技术，如理论课程飞行理论、航空工程、机械学以及实操技术折叠降落伞等，编成互助小组包干负责，相互督促，当日课程必须当日搞懂，确保不让一个人掉队。为了学好“飞机构造原理”课，飞行班安志敏还编了四句形象生动的快板“一个脑袋有把刀，四个翅膀往上翘，三条铁腿踏飞

第二部分第五展厅场景复原

总支队指战员返回延安前在迪化的合影

第二部分第三单元“开展统战工作”展厅

轮，横竖尾巴在后梢”，方便大家背记。大家比着学、赛着学，白天晚上都在学，有人甚至半夜说梦话还在背操纵程序。他们没有辜负党的殷切期望，经过近两年的学习，新疆航空队中共学员顺利飞上蓝天。

中国共产党于1937年10月在迪化设立了八路军驻新疆办事处，先后从西路军总支队（即“新兵营”）、延安、往返于延安与莫斯科之间途经新疆的干部，以新疆地方政府官员或公务员身份，派到新疆省政府以及军队、新闻、文教、群众团体等部门任职。

1939年抗日战争进入到相持阶段，1941年国民党蒋介石发动皖南事变，掀起第二次反共高潮。为保护革命干部，增强抗日前线的力量，陈潭秋同志根据党中央的指示，决定除新疆航空队及部分同志继续留任新疆外，其他同志全部返回延安，从1937年到1940年，先后有300多位西路军指战员返回延安，奔赴抗日根据地。

三　第三部分　淬炼成钢

1942年国内外形势发生了变化，盛世才公开投靠蒋介石，暴露出了反动军阀的真面目。1943年2月，航空队的学员被软禁在刘公馆。1944年11月，被投入到第

第三部分“淬炼成钢”第二展厅

第三部分“淬炼成钢”第三展厅

二监狱。在狱中党组织的领导下，航空队的学员们在敌人的利诱面前不动心，酷刑面前不低头，提出了“百子一条心，集体回延安”“拒绝个人出狱，永不脱党叛变”的口号，保持了崇高的革命气节。

中国工农红军西路军总支队是中国人民解放军多兵种建立和发展的基石，是我军现代技术兵种的摇篮，为中国人民解放军培养出了第一批航空、装甲兵、炮兵人才，在抗日战争、解放战争、抗美援朝战争中均发挥了重要的作用。

从400多名西路军总支队指战员中走出了2位国家领导人、1位上将、3位中将、17位少将。新中国成立后中国人民解放军成立的七所航校有四位校长是西路军航空班学员。

西路军总支队走出的国家领导人和将士名录（一）

西路军总支队走出的国家领导人和将士名录（二）

四　结束语　星火相传

中国工农红军西路军精神与红军精神、长征精神一脉相承。今天，我们重温这段历史，就是要不忘初心、牢记使命，坚定信念、不懈奋斗，把红色基因一代代传承下去……

中国工农红军西路军为民族独立解放、为共产主义事业奋斗牺牲，具有坚定不移的理想信念、听党指挥的军魂意识、英勇善战的战斗作风、艰苦奋斗的政治本色、服务人民的根本宗旨和身先士卒的领导风范。

中国工农红军西路军作出的重大的不可替代、不可磨灭的贡献，永载史册！

《星火相传》主题雕塑

毛泽民故居

毛泽民故居位于乌鲁木齐天山区明德路29号，占地面积960平方米。院落正中矗立着毛泽民烈士铜像，铜像后面两间半平房是毛泽民办公室及宿舍旧址，2019年被国务院公布为第八批全国重点文物保护单位。旧址于1940年8月建成，是抗日战争时期毛泽民在新疆担任财政厅副厅长、代理厅长期间办公和居住的地方。铜

毛泽民故居全景

毛泽民办公室及宿舍旧址

旧址内复原陈列

像的东侧是新疆财政专修学校旧址，毛泽民曾担任过校长和教师职务。铜像的西侧是陈列馆。

陈列馆序厅《英名与天山共存》主题浮雕，主要展示了毛泽民在新疆的丰功伟绩和伟大革命家的崇高精神。

一　第一单元　走出韶山冲

毛泽民，字润莲，1896年4月3日出生于湖南省湘潭县韶山冲。1921年2月，在大哥毛泽东的引领下，来到长沙，于1921年底加入中国共产党，从事工农运动和党的期刊、马列书籍的秘密出版发行工作，从此走上革命道路。

“走出韶山冲”主题场景是以湖南韶山冲毛泽东故居为背景，以青年毛泽东、毛泽民、毛泽覃和毛泽建四兄弟姐

陈列馆序厅

第一单元“走出韶山冲”场景

毛家三兄弟与母亲的合影

妹为原型的雕像群，讲述的是1921年的正月初八，毛泽东带着在外面上学的弟弟毛泽覃回到家乡，晚上毛泽东把弟弟妹妹们召集在火塘旁，向他们讲述革命的道理。毛泽民坚定地说：“我一切听从大哥的安排。”

1921年底毛泽民加入中国共产党，在湖南第一师范附属小学担任庶务工作。

从1922年到1924年先后在长沙、安

第一单元第二组“投身工人运动”

第一单元第三组“负责党刊秘密发行”

源等地开展工人运动。1925年随毛泽东回到韶山开展农民运动，协助兄长毛泽东创办了20多所农民夜校。

自1925年11月至1927年5月，毛泽民辗转上海、武汉、天津等地从事党的秘密工作，任中共中央出版部兼发行部主任，1927年“四一二”反革命政变后，毛泽民奉调前往武汉，兼任《汉口民国日报》总经理、中央出版局局长等职，负责出版发行党报、党刊和马列书籍，配合开展政治斗争和军事斗争。

二　第二单元　初创红色金融事业

1931年11月7日，中华苏维埃共和国临时中央政府在江西中央苏区成立，定都瑞金。1932年，中华苏维埃共和国国家银行正式成立，毛泽民任国家银行行长，被誉为中央苏区“红色大管家”。

第二单元第一组“担任苏维埃国家银行行长”

第二单元第二组“构建中央苏区金融体系”

第二单元第三组“发展中央苏区工矿企业”

三　第三单元　率领扁担银行走长征

在1934年第五次反“围剿”失利后，毛泽民携国家银行全部物资踏上二万五千里长征路。在1935年的10月，中国工农红军陕甘支队到达了吴起镇，中央红军结束长征，毛泽民所率领的扁担银行也光荣地完成了在长征中的使命。

四　第四单元　主理陕甘宁边区经济

陕甘边革命根据地设立中华苏维埃共和国临时中央政府驻西北办事处，毛泽民任国民经济部部长兼贸易总局局长，为保障军需创办实体，巩固陕甘宁苏区和建

第三单元场景：扁担上的国家银行

第三单元第一组“负重前行”

第三单元第二组“筹粮筹款”

第四单元第一组“组建经济工作机构”

立陕甘宁边区作出了贡献。

陕西延长石油沟是中国大陆上第一口油井。1935年10月，红军到达陕北，12月，毛泽民在延长油矿整理油矿生产。1936年1月至3月，3个月就生产了7万斤原油，不仅满足了红军部队跟机关的需要，大大改善根据地的燃料需求，还提供了出口。这是中国共产党领导开发的第一个油矿。

五　第五单元　扭转新疆经济困局

1937年，抗日战争全面爆发，中国共产党在新疆设立了八路军办事处，在1938年，毛泽民从延安前往苏联治病途经新疆，经新疆当局的挽留和党中央的批准，化名为周彬留任新疆，担任新疆省财政厅副厅长、代厅长一职。

第四单元第二组“保障军需　创办实体”（一）

第四单元第二组“保障军需　创办实体”（二）

第五单元第一组“留任新疆”

第五单元第二组“整顿财政”

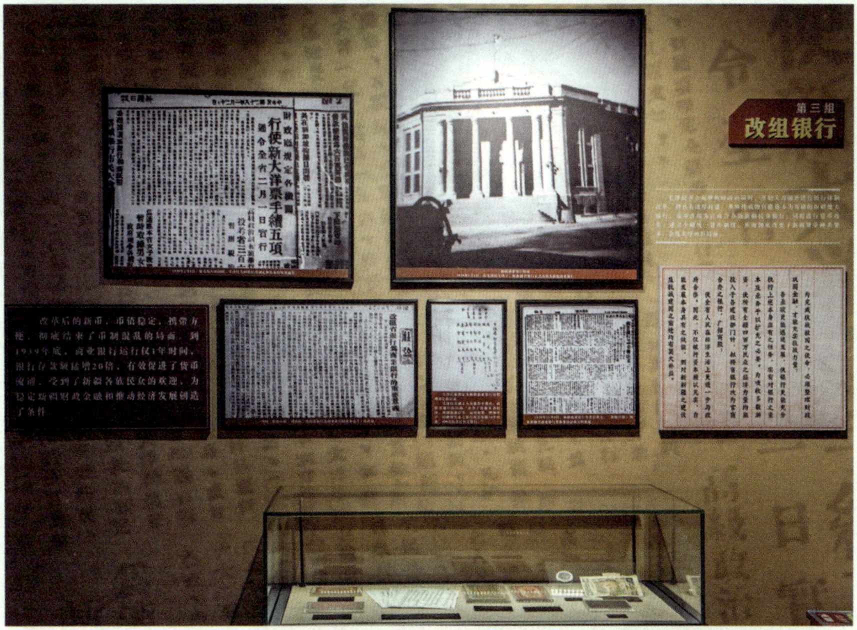

第五单元第三组“改组银行”

针对新疆财政凋敝、滥发纸币、入不敷出的经济困局，毛泽民在深入调研基础上，提出了“发展经济，增加收入，开源节流，保证支出，量入为出，争取收支平衡”等财政工作方针，以此全面开始实施整顿财政乱局的工作。

毛泽民改革新疆的银行体系。1939年1月1日，新疆省银行正式改组为新疆商业银行。商业银行运行不到一年的时间，存款额就猛增了20倍，极大地促进了货币的流通。

毛泽民改组新疆省银行，发行新省币。第一步就“废两改元”，使新疆的货币制度和内地统一起来，这样便于交流，

第五单元“新疆货币统一前，市场上流行的各种货币”

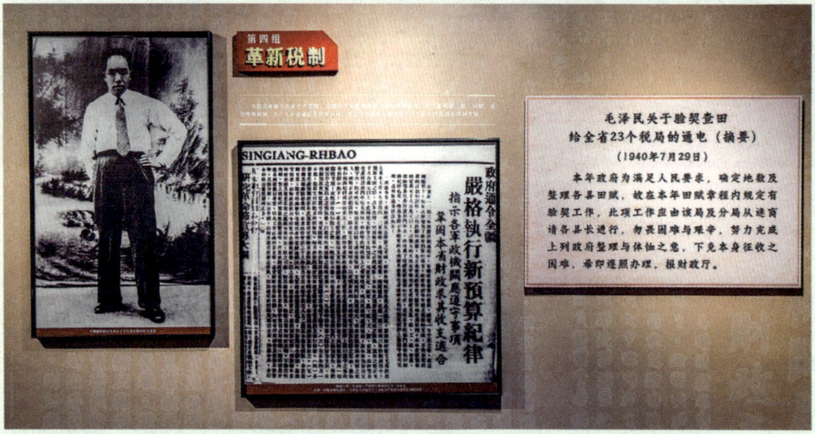

第五单元第四组“革新税制”

也有力地促进了新疆的经济发展。

毛泽民开始整顿税制，废除了苛捐杂税，统一了全省的田赋，在减轻农民负担的前提下，全省田赋的收入超过往年，工业生产建设也得到发展。

1938年到1939年，经毛泽民申请，

新疆省财政专修学校旧址

新疆省财政专修学校教室复原场景

党中央从延安选派了32名干部到新疆的财税局工作，分派到了南疆22个县，担任财政局和税务局的局长或者副局长，成为新疆财政改革工作中一支非常重要的力量。

毛泽民在新疆创办了新疆省财政专修学校，担任校长并亲自授课，校址就设在自己居住的院内。毛泽民向学员们说："理财要有全局眼光，不能竭泽而渔、杀鸡取蛋，要蓄水养鱼、养鸡生蛋。"

六　第六单元　苏联之行

1939年6月至1940年2月，按照党中央的再次安排，身患重病的毛泽民来到苏联治病。期间，向共产国际汇报了新疆统

展厅内播放一段毛泽民在发行建设公债市民大会上讲话的珍贵影像，这是目前发现的唯一留存的毛泽民影像资料

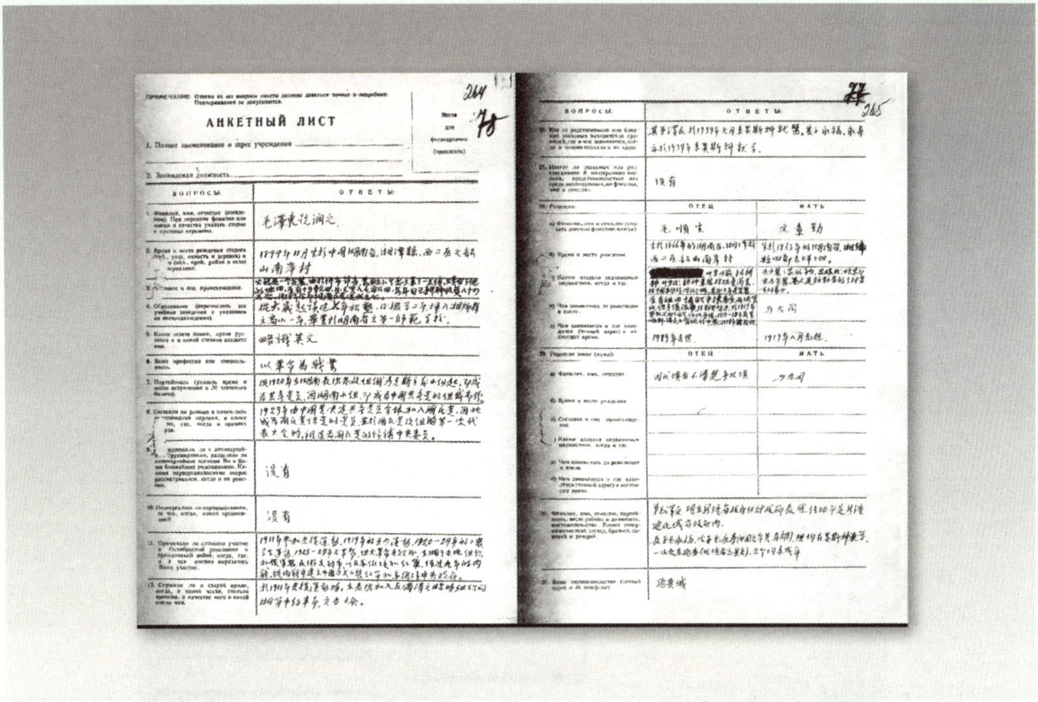

保存在俄罗斯国家社会和政治历史档案馆中的毛泽民填写的《毛泽东履历表》

战工作，参加了共产国际召开的有关中国问题的会议，维护了毛泽东在全党的领导地位。

毛泽民在苏联治病期间，按照共产国际和中共驻共产国际代表任弼时的要求，填写了个人简历，并为毛泽东填写了长达4页有31项内容的个人简历，从简历得知毛泽东的母亲名为文素勤。

七　第七单元　建章立制抚慰民生

1941年国际国内形势急剧恶化，盛世才十分忌惮毛泽民同志的卓越成就，7月就借照顾毛泽民身体为由，免去了其财政厅

第七单元第一组“调任民政厅代厅长”

第七单元第二组“改善医疗卫生”

（下为毛泽民从苏联为新疆省立医院购置的第一台X光机）

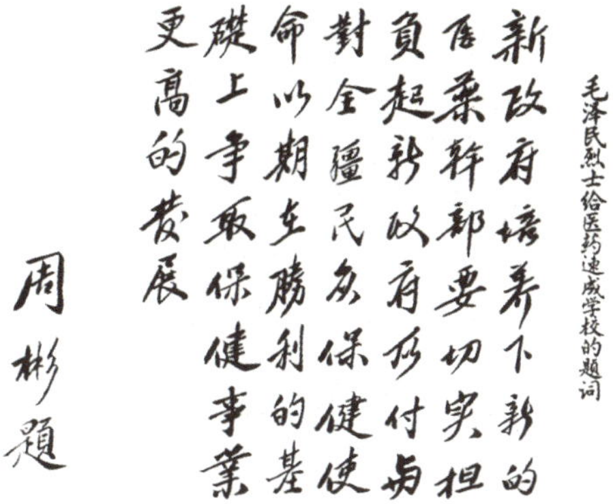

毛泽民（周彬）为医药训练班毕业生题词

代厅长职务，改任为民政厅代厅长。

毛泽民在担任民政厅代厅长期间先后设立和发展了13所医院、800张病床、4所药房和16个诊所，推动了医疗卫生事业建设。

八　第八单元　铸魂天山

1942年盛世才陆续将在新疆各地工作的100多名共产党员调回迪化，先后软禁在三角地临时招待所。7月毛泽民向盛世才提出辞职。

9月17日盛世才派军警包围了陈潭秋、毛泽民两人的住所，以督办谈话为由将两人及其家人软禁在了刘公馆内。

1943年2月，新疆边防督办盛世才将毛泽民在内的100多名中共党员全部投入

第八单元第一组“风云突变”

带你走进博物馆

复原场景：毛泽民在狱中

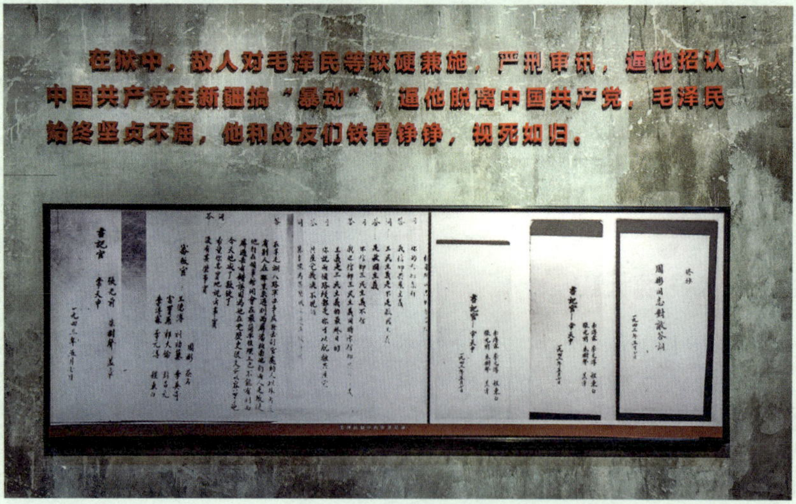

毛泽民在狱中的审讯记录

迪化第二监狱。在狱中，敌人对毛泽民进行威逼利诱、严刑逼供，企图逼迫他宣布脱离共产党，在这一计划破灭后，毛泽民受到了超出人想象的酷刑。蒋介石也派了一个专门的审讯团队对毛泽民进行了七天七夜的审讯工作，毛泽民被折磨得奄奄一息，但是他始终坚贞不屈，没有给敌人一点希望。

油画《铮铮铁骨》

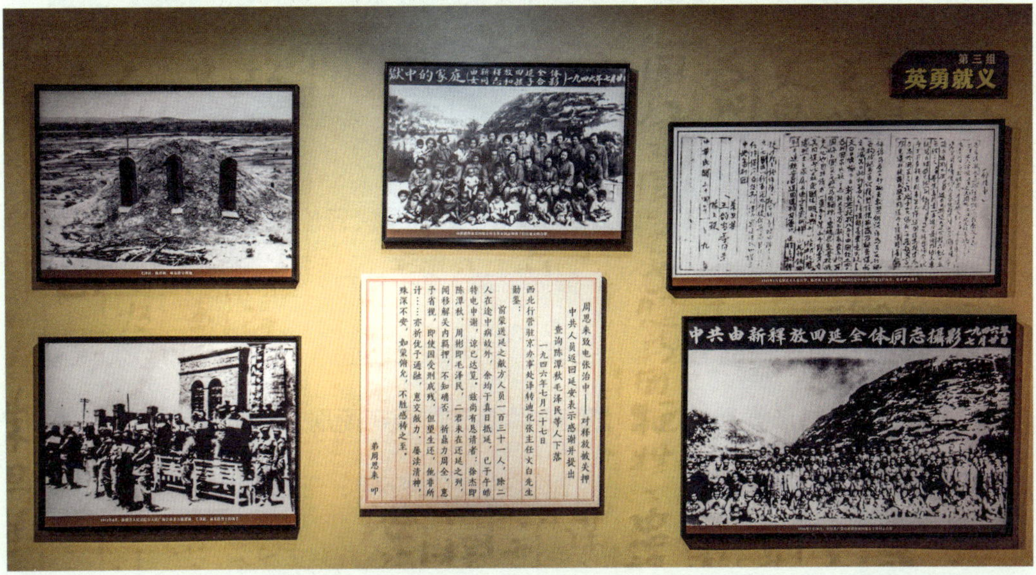

第八单元第三组“英勇就义”

第八单元第四组"永远怀念"

1943年9月27日深夜，盛世才奉蒋介石之命，在迪化市小南门秘密杀害了毛泽民、林基路、陈潭秋三人。

1946年在中共中央的营救下，在新疆被关押的129名共产党员顺利返回延安后，周恩来再次致电张治中，在表达感谢的同时，请求他继续查找三位共产党人的下落。

1950年，当年杀害毛泽民、林基路、陈潭秋三位共产党员的刽子手被抓获，1951年在人民广场召开公审大会，数万群众从四面八方涌向人民广场。新疆人民法院宣布死刑，立即执行。

1956年，三位烈士的遗骨启坟入殓迁入乌鲁木齐烈士陵园，毛泽民永远安息在烈士陵园的苍山翠柏当中。

毛泽民将宝贵的生命献给中国人民壮丽的解放事业，天地英雄气，千秋尚凛然。我们了解这段历史，就是为了传承红色基因，不忘初心，牢记使命，鼓起迈向新征程、奋进新时代的精气神，为建设新时代中国特色社会主义新疆而努力奋斗！

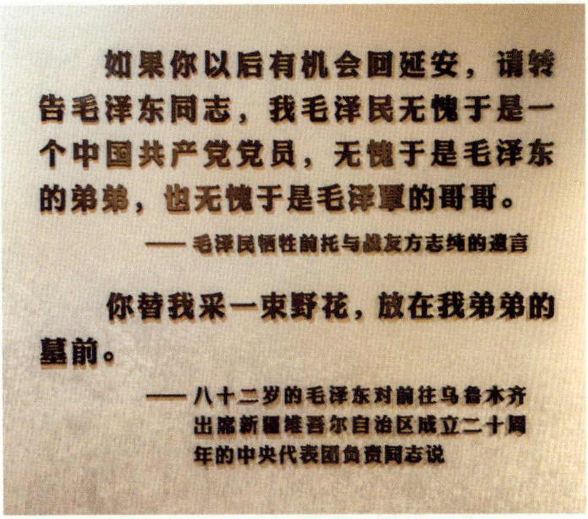

第八单元第四组展板

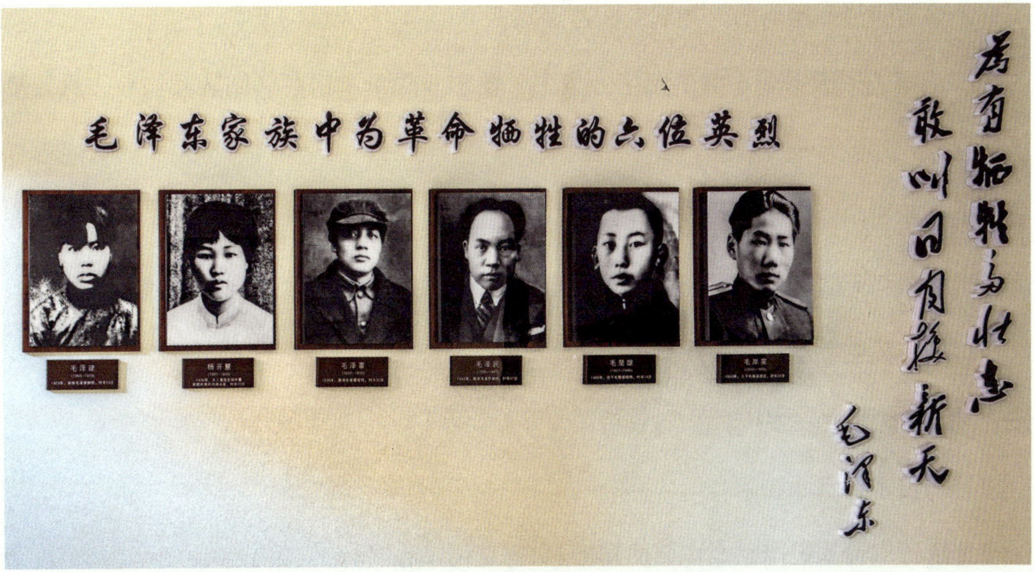

毛泽东家族中为革命牺牲的六位英烈

乌鲁木齐市博物馆、革命纪念馆服务信息

一　免费开放时间

开放时间：夏令时间（5月—10月）10:30—20:00（19:30停止入馆）

冬令时间（11月—次年4月）10:30–19:00开放（18:30停止入馆）

周二至周日开放，周一闭馆。

二　服务项目及设施

1.设置有参观导览图、语音导览方便观众参观。

2.设置有咨询服务台，为观众解答疑问。

3.设置志愿服务站，提供接待、登记、饮水、雨伞、讲解（团队预约）、急救及各种咨询、解答等便民服务。

4.设置有自动寄存处，方便观众寄存物品。

5.设置有无障碍通道，配备有轮椅方便和满足残障人士等特殊群体的参观需要。

6.团体预约参观提供讲解服务。

三　参观地址及预约电话

1.乌鲁木齐市博物馆

地址：乌鲁木齐市水磨沟区凤起街111号文化中心2号馆

预约电话：0991–2321253

2.八路军驻新疆办事处纪念馆

地址：乌鲁木齐市天山区胜利路392号

预约电话：0991–2860393

3.中国工农红军西路军总支队纪念馆

地址：乌鲁木齐市天山区西后街37号

预约电话：0991–8881439

4.毛泽民故居

地址：乌鲁木齐市天山区明德路29号

预约电话：0991–2824628

敬请关注乐游乌鲁木齐公众号，了解更多博物馆、纪念馆参观信息。

乌鲁木齐市文旅局	乌鲁木齐市文旅局
订阅号	服务号